古之王者，择天下之中而立国，

择国之中而立宫，择宫之中而立庙。

——《吕氏春秋》

中国古都四千年

HISTORY OF CHINESE ANCIENT CAPITALS

锦公子 著

新世界出版社
NEW WORLD PRESS

■ 北京天坛红墙内的祈年殿古建筑 / 供图　图虫创意

目录

開封府

安阳

■ 商后母戊鼎雕塑／供图　图虫创意

后母戊鼎是已知中国古代最重的青铜器，国家一级文物，曾被称为司母戊鼎，2011 年正式更名为后母戊鼎。

郑州

■ 商代亳都城遗址／供图　图虫创意

迄今为止中国第一座具有王都性质的城址，也是世界上最大的具有王都性质的城址之一，比殷墟的建设时间还早。

大同

■ 悬空寺／供图　图虫创意

始建于北魏后期，是一座佛、道、儒三教合一的独特寺庙。全寺为木质框架式结构，像悬挂在恒山悬崖上一样，故有此名。其建筑之奇、结构之巧，令人叹为观止，2010 年入选《时代周刊》「世界岌岌可危十大建筑」。

成都

■ 三星堆青铜器大立人／供图　视觉中国

现存最高、最完整的青铜立人像，人像高约 180 厘米，通高约 260 厘米，重 180 公斤左右，有「世界铜像之王」的美誉。

■ 北京故宫角楼雪景 / 供图　图虫创意

西安

■ 跪射俑 / 供图　图虫创意

秦始皇陵兵马俑中保存最完整、唯一一尊未经人工修复的兵马俑。

洛阳

■ 洛阳天堂 / 供图　图虫创意

天堂是武则天执政时期，在神都洛阳修建的礼佛堂，共五级，相传高 300 米左右，堪称是世界古代建筑史上的奇迹。但公元 695 年，天堂被薛怀义一把火烧掉，现洛阳的天堂是在遗址上复建的，高 88.88 米，并非武则天时期的天堂。

南京

■ 江南贡院明远楼 / 供图　图虫创意

明永乐年间修建，嘉靖十三年（1534 年）复建。「明远」二字，取自《论语》中的「慎终追远，明德归厚矣」一句。该楼是中国现存最古老的贡院考场建筑。

北京

■ 华表 / 供图　视觉中国

明永乐十八年（1420 年）所建的汉白玉柱，通高 9.57 米，直径 0.98 米，重量约 20 吨。柱身雕刻有云龙，柱体上方横插云板，云板上方的承露盘上，蹲立着名为「犼」的神兽。

开封

■ 开封府 / 供图　视觉中国

北宋京城官吏行政、司法的衙署，被誉为「天下首府」，前后共有 183 任府尹在此办公，最著名的一任当属「包青天」包拯。

杭州

■ 西湖雷峰塔倒影 / 供图　图虫创意

西湖胜景之一。2011 年，杭州西湖文化景观被列入《世界遗产

■ 日晷 / 供图　视觉中国

中国古代沿用几千年的一种计时仪器，也被称为“日规”。晷面划分有子、丑、寅、卯、辰、巳、午、未、申、酉、戌、亥十二时辰，古人就是利用晷针在太阳下的投影方向来观测时间的。

序

十大古都变迁的奥秘与中国历史

在平定殷商遗民叛乱后，公元前 1000 年前后，掌握西周朝政大权的周公旦，决定在东方营建洛邑，以加强对殷商故地的控制。

进行占卜后，周公旦命人将传国重宝九鼎迁到洛邑。对于为何选址洛邑，周公说："此天下之中，四方入贡道里均。"意思是说，位处今天洛阳境内的洛邑，处于迅速扩张的周国的中央，便于四方来朝。

当时，西周在今天的西安一带营建了国都镐京，称为宗周；而东方的洛邑则称为成周，成周在当时有点类似于陪都。

公元前 770 年，来自西方的犬戎攻破镐京，杀死周幽王。随后继位的周平王为了躲避犬戎的侵扰，决定将国都东迁到洛邑。

作为中国历史上最古老的两座都城之一，位处今天西安地区的镐京和位处今天洛阳地区的洛邑，也反映了中国古代王权选择国都的重要理念，即寻求在国家范围内的地理中心建立国都，以制衡四方。对此，《吕氏春秋》有言："古之王者，择天下之中而立国，择国之中而立宫，择宫之中而立庙。"

尽管周朝迁都洛邑有出于防范侵扰、避免战争的考量，但考诸中国历史上的国都建设，应该说，选择地理中心立都，是中国先秦时期建都的重要考量因素。

中国历史上，西安和洛阳是最为闻名的古都，南京、北京、开封、杭州、安阳、郑州、大同、成都等城市也曾经做过中央王朝或地方政权的都城[①]。

据统计，中国历史上由统一王朝和地方政权兴建的都城先后有

---

① 本书中所用"国都"的概念，有时是指某些地方政权的都城，与大一统王朝时期的"国都"意义不同。但为了尊重当时的历史背景，也会采用"国都"一词代表都城。

200 多个。其中，有的昙花一现，有的先繁盛然后陨落，有的则兴盛千年。古代王朝选择建都于这些城市的主要原因是什么？这些都城的魅力又在哪里？

我们试着选择西安、洛阳、南京、北京、开封、杭州、安阳、郑州、大同、成都等十座古都，来阐释此中的奥妙。

洛邑作为天下之中，既相对远离西方的部落族群，又便于周朝控制东方，这种“择天下之中而立国”的衡量，实际上在夏、商时期就已经开始出现了。

尽管今人对于郑州是否称得上“中国十大古都之一”仍有争议，但中华文明探源工程表明，位处今天郑州登封境内的王城岗古城，正是传说中的夏朝早期国都“禹都阳城”。传说大禹之后，夏朝的国都曾多次迁移，例如今天的洛阳偃师二里头，也曾经作为夏朝中晚期的国都。

大概公元前 16 世纪，商人攻灭夏朝，此后商朝国都也和夏朝一样，曾经多次迁移，一直到公元前 14 世纪，商王盘庚主持迁都到殷，也就是今天的河南安阳后，商朝国都才算稳定下来。

从夏朝国都“禹都阳城”（今郑州），到商朝国都殷（今安阳），再到东周国都洛邑（今洛阳），其共同点是：夏商周时期的国都变迁，核心始终是在这三个王朝的中央地带——黄河中游。

对处于不断拓展中的华夏先民来说，“择天下之中而立国”，是王朝开拓者均衡四方、开疆拓土的早期需要。

中国古都变迁的“十字”现象

西安

十三朝古都①

西周、秦、西汉、新（王莽）、东汉（献帝）、西晋（愍帝）、前赵、前秦、后秦、西魏、北周、隋、唐

成都

天府之都

古蜀、成家、蜀汉、成汉、谯蜀、前蜀、后蜀、李蜀、大西

① 本图中提及的“几朝古都”概念，具体定义和解释详见本书中各个城市的正文介绍，部分存疑处在正文中均有阐释。

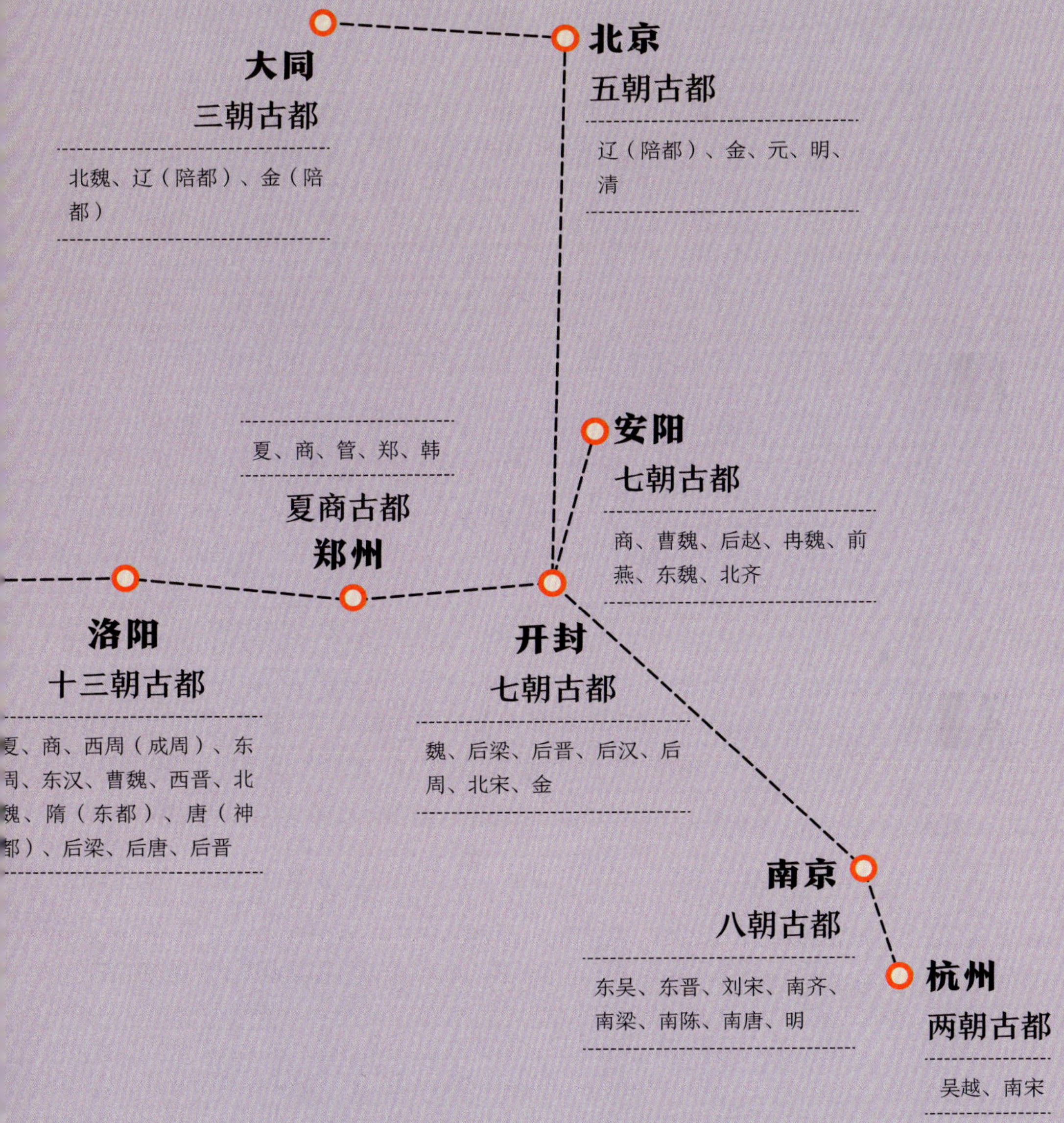

大同
三朝古都
北魏、辽（陪都）、金（陪都）
北京
五朝古都
辽（陪都）、金、元、明、清
安阳
七朝古都
商、曹魏、后赵、冉魏、前燕、东魏、北齐
夏、商、管、郑、韩
夏商古都
郑州
洛阳
十三朝古都
夏、商、西周（成周）、东周、东汉、曹魏、西晋、北魏、隋（东都）、唐（神都）、后梁、后唐、后晋
开封
七朝古都
魏、后梁、后晋、后汉、后周、北宋、金
南京
八朝古都
东吴、东晋、刘宋、南齐、南梁、南陈、南唐、明
杭州
两朝古都
吴越、南宋

中国古都变迁的“十字”现象

考察中国历朝历代国都的变迁，可以发现一个很有趣的“十字”现象，即都城的迁移走向呈现一个从西向东、从北向南的十字交叉趋势。

从西向东，西安、洛阳、开封，可以看到一个很明显的沿着黄河流域摆动的走势。

从北向南，北魏的大同、辽金元明清的北京、东晋南北朝的南京、南宋的杭州，也有一个很明显的南北走向。

这种“十字”式的分布走向，意味着在经过夏商周时期“择天下之中而立国”的早期思想后，中国历史开始进入一个剧烈变化的时期。

随着公元前 770 年周平王东迁洛邑，历史开始进入春秋战国时期。面对诸国日益激烈的攻战，为了稳固根本、谋略东方，公元前 5 世纪，秦国先是将都城从雍城（今陕西凤翔境内）迁到泾阳（今陕西泾阳境内），随后又于公元前 383 年将都城迁到位处今天西安境内的栎阳，此后，公元前 350 年，秦国又迁都到咸阳（今属西安）。

在战国七雄之中，与当时的东方六国相比，位处西方的秦国选择迁都位处关中平原的咸阳，本质是着眼于战争和军事地理需要。

作为西周、秦、西汉、隋、唐等王朝的国都，西安坐落于号称“八百里秦川”的关中平原之上。它北边是黄土高原，南边是秦岭，西有陇山，东有黄河，可谓山河环绕、易守难攻；而从关中平原向东越过崤山，就可以指向关东、挥兵中原。这种在冷兵器时代无可比拟的地理条件，使秦国从战国时代开始，就拥有了其他诸国难以超越的天然军事地理优势。

另外，西安所处的关中平原由渭河冲积而成，沃野千里，加上渭河、泾河等河流灌溉，秦国更是占据了农业生产的天然优势。

秦人依据关中平原“形胜之区、四塞之国”的地理优势和农业优势，最终逐渐攻灭东方六国，在公元前 221 年一统天下，建立了中国历史上第一个大一统王朝——秦朝。

但西安的政治早熟，也造成了它的生态早衰。在经济地理学中有一个名词叫作“消聚性衰退”，说的是一个地区发展到一定程度，会由于环境的破坏和资源的消耗开始衰落，而西安正是这种消聚性衰退的典型案例。

在秦汉以前，西安所处的关中平原本是沃野千里、森林密布的生态环境优美之地。但从秦汉开始，由于从城市营建到居民日常生活都离不开木材，再加上大规模的农业开垦，关中平原周边的原始森林遭到了毁灭性破坏。

在失去了森林的涵养之后，曾经“八水绕长安”的西安城内外，渭、泾、沣、涝、潏、滈、浐、灞等八条河流的水流量越来越小。到唐代末年，泾水、渭水、灞水等河流的水流量日益减少，龙首渠、清明渠等人工渠道也相继干涸；北宋时，“八水”中的潏

关中平原 / 供图　图虫创意

又称“渭河平原”“八百里秦川”。这里地势平坦，土壤肥沃，气候温暖，水源丰富，占据了天然的农业生产优势，是秦人一统天下的强大后盾。

水水流量更是小到了可以蹚水过河的地步。

据统计，从唐宋开始，关中地区有关水清、枯竭、断流的记载共 22 次。其中，清代康熙二十二年（1683 年）至雍正六年（1728 年）的 45 年间，作为滋润长安最重要的河流——渭河及其支流，有记载的断流达 6 次之多。

随着森林的砍伐，关中地区的水土流失问题也越发严重，这使得关中地区的自然灾害发生频率增大：有雨则洪水泛滥，无雨则干旱成灾。

陕西省气象局根据史料记载进行统计，发现从公元前 2 世纪的秦朝开始，

■ 八水绕长安示意图 / 制图　锦公子　张凤杰

八水指的是渭、泾、沣、涝、潏、滈、浐、灞八条河流，它们在西安城四周穿流，西安南面就是秦岭天险。

关中地区的水灾和旱灾随着时间的推移越来越多。

自唐朝武德七年（624 年）至开元二十九年（741 年）的 100 多年里，长安周边的京畿地区，共发生了 20 起大型自然灾害，其中有 10 次旱灾、7 次水灾及 3 次蝗灾。

唐朝中期的公元 8 世纪，关中地区共发生了 37 次旱灾，平均每 2.7 年就发生一次。

一方面，森林和水资源日趋锐减；另一方面，隋唐时期的长安城人口越来越多。历史数据显示，西汉时，长安城的人口只有 25 万人左右；而到了盛唐时期，长安城的人口最多可达百万之众。

与人口日益膨胀相对应的是，关中地区的可耕土地越来越少。当时，由于森林砍伐、水土流失严重，土地盐碱化、肥力减退等原因，关中地区的灌溉农田从西汉时期的 4.45 万顷，锐减到唐代宗大历年间（766 年—779 年）的 0.62 万顷。也就是说，相比西汉，人口增长率高达 400% 的唐代长安城，周边的土地灌溉面积却同比减少了 3.83 万顷，衰减率高达 86.1%。

由于生态环境日趋恶化、地少人多，隋唐时期的长安城经常出现缺粮的窘境。到了中唐时期，长安城每年的粮食缺口，最高可达 400 万石（按唐代一石粟米重约 42 公斤计算，约合 1.68 亿公斤），后来虽然有所回落，但唐朝时长安城每年的粮食缺口仍高达 100 万石（约合 4200 万公斤）。

可以说，即使是在“五谷丰登”的丰收年份，唐代长安城也仍然粮食紧缺，“口多食寡”，一旦发生“水旱蝗”等自然灾害，人们就不得不东迁到洛阳就食。

以唐高宗李治为例，他在位共 34 年（649 年—683 年），其中有 11 年零 5 个月是住在洛阳，其中史书有三次明确提到是因为长安缺粮才迁到洛阳“就食”。在丈夫唐高宗去世后，随后掌权的武则天在公元683年到公元705年的22年间，更是有19年住在洛阳，主要也是因为洛阳更靠近江淮地区等粮食主产地，没有漕运之苦。

从秦朝到五代十国时期，国都长期在长安、洛阳之间交替。例如西汉定都长安，东汉定都洛阳；随后西晋和北魏也定都洛阳，而完成大一统的隋朝和唐朝则将国都迁回了长安。

作为古代中国都城的两大双子星，长安与洛阳互为兄弟，但历史在这种摇摆之中，已经出现了从西向东迁移的趋势。

前面说过，西安所处的关中平原作为中华民族较早开垦的农耕区域，到唐朝时已经出现了很明显的生态恶化趋势。在此情况下，西安逐渐失去了立都的环境优势。

安史之乱（755 年—763 年）以后，长安先后被吐蕃、乱兵、黄巢农民军轮番攻占，破坏严重。唐昭宗天祐元年（904 年），军阀朱温强迫唐昭宗迁都洛阳，并拆毁长安城内的宫殿和民舍，取其木材营建洛阳，“长安自此遂丘墟矣”。

长安陨落后，洛阳也迎来了回光返照式的最后辉煌——唐朝的最后三年及五代十国时期的后梁、后唐、后晋，都曾经建都洛阳。

与距离黄河相对较远，且有黄河三门峡天险阻隔，物资运输艰难的西安相比，洛阳相对靠近黄河，并且在隋炀帝兴建大运河后，易于接受来自南方的粮食和税赋，因此，洛阳在唐后期及五代十国初期，一直是帝国的重要国都。

军事安全与经济补给的两难抉择

对于一个王朝而言，选择定都何处，军事安全与经济补给是需要着重考虑的两个核心因素。

从唐代开始，长安由于生态环境恶化，在经济补给上日益艰难，因此最终被放弃，进而逐渐陨落；而得益于大运河和黄河的运输便利，洛阳在当时仍保有建都的优势。但这种优势也很快随着另一座城市——开封的崛起而转变。

唐朝安史之乱以后，中国的经济重心逐渐南迁，转向长江、淮河一带。当时，来自江淮地区的财赋，普遍需要依赖从隋朝开始凿通的大运河进行运输，因此，位处大运河与黄河交接处，连接江淮要地的汴州（今开封）开始迅猛发展。

到了晚唐时期，开封已经成为“当天下之要，总舟车之繁，控河朔之咽喉，通淮湖之运漕”的中心城市。

为了获取经济补给，五代十国的后晋、后汉、后周都先后以开封为国都，促使开封更加飞速地发展。

但是，经济中心与政治中心难以彼此重叠，在拥有经济补给便利的同时，开封却有着一个致命缺陷，那就是明显缺乏军事屏障，无法满足作为政治中心所应有的军事安全因素。

公元 960 年，赵匡胤在陈桥兵变，夺取了北周政权建立北宋，作为军将出身的他，一直对开封的军事地理缺陷忧心忡忡。

开封尽管拥有经济和交通便利，但除了北临黄河外，其他三面地处平原，根本无险可守，这导致北宋需要长期在开封周边布置数十万兵力，严重消耗了国力。

由于开封地理缺陷明显，公元 947 年，契丹军队甚至曾经攻破开封，灭了后晋。有鉴于此，赵匡胤从建立北宋伊始就希望能迁都洛阳，利用洛阳周边有山河环绕的地理优势，来减轻军事隐患。

北宋开宝九年（976 年），宋太祖赵匡胤再次巡幸洛阳，并提出计划将国都从开封迁到洛阳，但群臣已经在开封经营多年，考虑到各自的利益盘算，以赵匡胤的弟弟晋王赵光义为首的文武百官普遍反对迁都，这使得赵匡胤不由得仰天长叹："患不在今日，自此去不出百年，天下民力殚矣。"

赵匡胤发出这一感慨的当年，公元 976 年，他就在斧声烛影之中离奇暴毙，赵光义登基为帝。此后，北宋的迁都计划彻底搁浅，一直到 151 年后（1127 年），女真人南下轻松攻破开封，灭了北宋。

游牧民族与农业民族的交锋地带

中国历史上的国都迁移，在北宋灭亡以前，尽管也有南北对峙的时刻，但大势仍是沿着西安—洛阳—开封这样从西向东摆动的走势。而以北宋的灭亡和开封的沦陷为标志，中国国都的长期迁移走势，转向了从北向南的摆动。

在先秦时期，夏商周的都城营建主要着眼于华夏族在黄河流域的拓展，所以才会选择郑州、安阳、洛阳这些位处当时天下之中的城市作为国都。即使在两汉和隋唐时期，都城的选择在长安和洛阳之间长期摇摆，也仍然着眼于黄河流域的开发经营。

但这并未脱离农业民族的经营视野，在从西向东的都城选址摆荡之中，来自北方的游牧民族，即将开始剧烈地冲击南方农业民族的建都视野。

公元 398 年，北魏开国皇帝拓跋珪从盛乐（今内蒙古和林格尔县境内）迁都平城（今山西大同）。此后，北魏以平城为基地，先后吞并了后燕、夏、北燕、北凉，逐步统一了北方。

公元 493 年，北魏孝文帝从平城迁都洛阳，以便进一步控制中原，争夺南方。

大同与北京仅有三百多公里之遥，如果摊开中国地图，会看到一个很有意思的现象，那就是北魏时期的平城，以及后来的辽、

■ 万里长城 / 供图　图虫创意

蜿蜒于山间的万里长城，是古代农业民族抵御游牧民族南下入侵的重要军事防御工事，1987 年被列为世界文化遗产。

金、元时期的游牧民族所选择的北京，都刚好在中国 400 毫米年降雨量等值线的边缘，这恰好也是一个游牧民族与农业民族、游牧区与农业区的分界线。

也就是说，**在中国十大古都的选择过程中，平城与北京的崛起，是游牧民族出于南下争夺中原的视野和定位的考量。**

作为游牧民族，在鲜卑人看来，平城是他们进入农业区后所深入营建的大城市，这也是鲜卑人在选择迁都位处中原腹地的洛阳之前，用来经略南方的前沿阵地。

而对于后来的契丹人（辽国）、女真人（金国）和蒙古人（元朝）来说，他们选择在大同附近的北京营建王城和国都，核心原因之一也是这里刚好处于游牧区与农业区的交界，北京是他们南下中原所夺取的第一座大城市，并且是华北平原重镇，有利于他们以此为跳板南下进攻华北平原，进而逐鹿中原，攻占全国。

另外，北京还有个好处，就是相对于长安、洛阳、开封等中原腹地城市更加凉爽宜人，即使在最热的月份，北京平均温度也要比前几个城市低 2℃—5℃。例如公元 496 年，当时北魏已经从平城南下迁都洛阳三年，结果皇太子拓跋恂竟因厌恶南方的炎热天气和生活习俗，试图逃回平城，发动叛乱，这惹得孝文帝大怒，最终将太子拓跋恂赐死。

到了公元 946 年，契丹军队攻破开封，灭了后晋，但几个月后就匆匆撤回北方，主要原因之一也是契丹人不习惯开封夏季湿热的天气。

从心理原因分析，无论是鲜卑、契丹、女真、蒙古还是满族，当时这些民族的人口往往只有百万甚至数十万人，当这些人口稀少的游牧民族、渔猎民族试图南下君临南方的农业帝国时，面对南方数千万、明清时期甚至上亿的汉族人口时，这些少数民族难免存在一种潜在的心理恐惧，因此他们立都平城和北京，也有一个考虑：一旦在南方失败，起码平城和北京距离他们的老巢还比较近，可以随时撤退。

公元 1368 年，明朝大将徐达率军进攻元大都（今北京），仓皇之下，元顺帝决定撤离北京，逃回北方草原，逃亡前他悻悻地说："我岂能再学宋徽宗、宋钦宗（被俘虏）！"

可见，北方游牧民族选择平城和北京立都，在心理层面是将其作为毗邻故乡的后路打算的。

金陵王气为何难以持久？

随着游牧民族的不断冲击南下，在南方，南京开始在乱世之中崛起。

三国时期，公元 229 年，孙权正式称帝，并于当年迁都建业（今南京）。此后，建都洛阳的西晋于公元 280 年攻灭孙吴，建都 51 年的建业一度衰落。但随着西晋的迅速灭亡，公元 317 年，司马睿在建康（今南京）称帝，建立东晋。此后，南京又先后作为刘宋、萧齐、萧梁和陈朝的国都，一直到公元 589 年陈国被隋攻灭。

至此，算上三国孙吴时期，加上东晋、南朝，南京在这一分裂时期，一度有 300 多年作为都城。

但这仅仅是在南京立都的开始。

从经济角度看，南京作为都城的兴起，也代表着长江流域经济的崛起。

在汉末以前，中国的经济重心在黄河流域，这也是为什么南京在汉末以前一直默默无闻。

三国以后政治动荡，北方人口一波又一波南迁。从西晋永嘉之乱到唐朝安史之乱，再到北宋靖康之变，这三次重大历史事件，导致了中国人口的三次大规模南迁。而西晋永嘉之乱以后的第一次大规模人口南迁，其结果就是加速了淮河和长江流域的经济开发，使南京作为南朝的国都得以坚持了近 300 年。

不得不说，南京的崛起与建都，是以江淮流域的人口迁入和经济发展为基础的。

唐朝安史之乱以后，随着江淮流域的加速开发，中国的经济重心不断南移。当时，黄河中游地区的长安之所以能在安史之乱以后仍然维持唐朝的国都地位，其根本原因在于利用了隋炀帝打通的大运河，抽调江淮流域的粮食和税赋，这才得以又延续了 100 多年。

因此，从江淮流域发展这一视角来看，我们可以理解为什么在公元 1127 年靖康之变以后，南宋会选择在杭州建都。

虽然南京和杭州作为江淮流域的重要城市，具有建都的经济基础，但从军事角度而言，无论是南京还是杭州，都地处东南边缘，不利于北上争夺作为中国政治核心的华北平原。这就导致了南京和杭州始终只是作为南北分裂时期或是地方割据政权（例如五代十国的南唐）的国都，而无法升格成为统一王朝的长久国都。虽然有明朝建都南京并北伐成功的案例，但很快就由于朱棣兵变，明朝改而迁都北京，这也说明了南京和杭州虽然是经济要地，却难以建立持久的军事优势和政治优势。

对此有评论说，南京绝大部分时期都只是分裂时期的国都，一旦统一，南京就容易出现“金陵王气黯然收”的政治局面。

从这个意义而言，曾经作为三国蜀汉国都的成都，尽管也曾在魏晋南北朝时期建立偏安一隅的成汉政权，五代十国时期建立过前蜀和后蜀政权，但本质上，它也和南京、杭州一样，只是作为国家分裂时期的地方政权所在地而已。由于地处边缘，受人口、经济、军事等各个因素的限制，成都难以成为历朝历代的核心国都。

渔舟唱晚，京杭大运河 / 供图　图虫创意

京杭大运河，于春秋时期开始修建，至隋炀帝时期得以全线打通，全长约 1747 公里。大运河南起余杭（今杭州），北到涿郡（今北京），贯通海河、黄河、淮河、长江、钱塘江五大水系，从此富饶丰厚的江淮流域可以源源不断地将粮食和税赋运送到帝国中心。

农业与草原的分界点

尽管开国皇帝朱元璋是以南京立都起家，但明朝建立仅仅 31 年后，随着老父亲朱元璋的去世，镇守北平（今北京）的燕王朱棣就发动叛变，历经四年，于公元 1402 年攻占应天（今南京），篡夺帝位。

朱棣夺位后，出于回归自己起家的“龙兴之地”的考虑，开始谋划迁都北京。登基 19 年后，公元 1421 年，朱棣宣布正式迁都北京。

从当时的大背景来看，朱棣选择迁都北京，也有出于维护政权的考虑。元朝虽然在公元 1368 年退出北京，但残余的北元势力仍然雄厚。公元 1402 年，北元鬼力赤篡夺政权建立鞑靼，北元灭亡。但残存的各个蒙古部落在北方仍保存着强大的军事实力，并不时南下威胁明朝。

朱元璋在世时，就曾经多次派兵北伐，追击北元残余。朱棣夺位后，也曾经多次从北京出兵北伐蒙古，其本人更是在公元 1424 年病逝于北伐蒙古的回师途中。

从经济地理角度而言，元明清时期的北京之所以能维系国都地位，主要有赖于京杭大运河等交通运输要道。通过大运河，来自南方的财粮税赋得以源源不断地供应北方，从而支撑了资源相对匮乏的北京的发展。

从军事地理角度而言，北京位处游牧民族与农业民族交界地带，朱棣迁都北京，使明朝的国都一直处于军事战争的前线，等于“天子守国门，国都作边塞”。

不过，北京东边与南边都是华北平原，一马平川，无险可守，这就使得明朝时蒙古人和后来的满族人屡屡突破长城，兵临北京城下。公元 1449 年，在土木堡之变中，胡乱北伐的明英宗更是被蒙古人俘虏，成为后世笑柄。公元 1644 年，清兵在突破山海关后，也几乎没花什么大力气，就轻易攻占了北京，成为满族人此后入主中原的开始。

很多史学家认为，真正的全球化大历史，其实是从蒙古帝国开始的。当初，从成吉思汗开始，蒙古人东征西讨，建立了一个横跨欧亚大陆的超级帝国，这个帝国本质上是一个跨越农业民族和游牧民族视野，真正将欧亚大陆的农业民族和游牧民族整合在一起的世界级帝国。

这对青年和中年时代都在北京居住的朱棣来说，无疑有着深刻的影响。

因此，作为就藩元大都北平的燕王，蒙古人的世界性视野深刻影响了朱棣。他之所以选择从南京迁都北京，从某种意义上来说，他的视野和规划是超越以黄河、长江为中心的传统“中国”地区，而放眼于整个欧亚大陆的。

在朱棣的心底，他梦想的是做一个像唐太宗那样的“天可汗”以及“忽必烈式”的超级帝王，建立一个真正统治欧亚大陆、超越“华夷”的共同体，一个“四方来朝”的强盛帝国。

可以说，正是因为朱棣迁都北京，才使后来的清朝有机会征服了蒙古和新疆以及今天的中亚地区，从而建立起一个跨越民族和文化的超级帝国共同体。

■ 紫禁城一角 / 供图　图虫创意
历经沧桑的紫禁城，巍巍屹立于天地之间，在 600 多年的时间里默默见证中国的每次巨变。

公元 1644 年，清军入关后，清朝正是依据北京身处游牧与农业交界地带的便利，建立了一个横跨游牧和农业地区的辽阔帝国。而北京，本质上就是清朝这个集农业地区和游牧地区为一体的帝国的核心点：向南，北京是农业帝国的国都；向北与向西，它又是大汗之地的国都。

以北京为中心的明朝和清朝，其疆域国土虽然曾经被掠夺削弱，但其建立的王朝的主体部分却遗留至今。

所以，朱棣迁都北京有着十分重大的意义。按照英国广播公司在其 2017 年制作的纪录片《紫禁城的秘密》中的说法，朱棣定都北京，奠定了现在的中国在国际上的大国地位。

从这个意义上来说，我们观照中国历史上的十大古都，探讨它们赖以立都的政治、地理、军事考量，以及生态环境、经济基础、交通物流、人口流动、历史变迁等因素，本质上，也是在追寻中国历史的内生源泉，是一种由实到虚、由内到外的发散与思索。

国都既是具象的，又深含奥义，本质上，一部国都史就是一部浓缩的中国史。

■ 大唐芙蓉园 / 供图　图虫创意
建于原唐代芙蓉园遗址以北，仿照唐代皇家园林式样重建，全方位再现盛唐气象。

西安

在中国历史上火了3000年

西安修地铁，最忙的不是施工队，而是文物局。因为西安的地铁很多都建在古墓边上，修建地铁如同大型考古挖掘现场，比如 2 号线，就一连挖出了 130 多座古墓。

每次地下发现新的遗址，不但西安会上热搜，施工队还得停工，重新规划路线，然后换考古队上场，这着实令施工方很苦恼。

无独有偶，前些年，西北政法大学在建新校区时，发现了西汉名臣张汤的墓，被戏称是挖到了“祖师爷”。张汤是汉武帝时期的官员，以执法严明著称。学校对张汤墓进行了保护，同学们考试前还可以拜拜“祖师爷”，求不挂科。

有道是:“南方的才子，北方的将，陕西的黄土埋皇上。”

西安，是一个真正的“宝藏城市”。有人打趣说，在西安，谁家附近没几个王侯将相的墓，都不好意思跟人打招呼。

但十三朝古都，绝不仅仅是古老与厚重。

关中:“四塞”之国

西安，在黄河流域中部、关中盆地南部，东以零河与灞源山地为界，西以太白山地与青化黄土台塬为界，南边是连绵的秦岭，北边是蜿蜒的渭河。

■ 秦岭山下麦浪滚滚 / 供图　视觉中国

连绵的秦岭脚下，是平坦肥沃的关中平原，为西安带来了丰盈充足的农业资源。

■ 飞机沿着黄河飞越黄土高原 / 供图　图虫创意

■ 关中盆地险关示意图 / 制图　锦公子

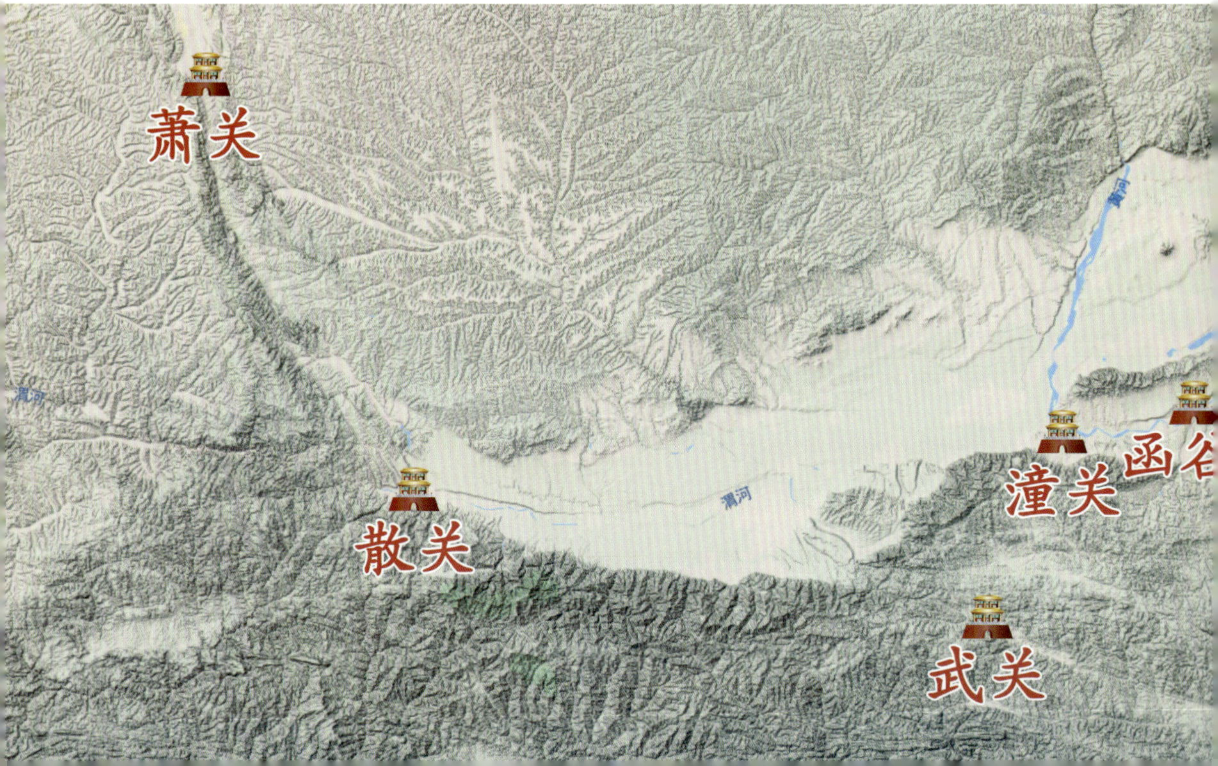

地质学家的研究表明，可以用“沧海桑田”来形容西安的变迁，在漫长的地壳运动中，它时而是一片汪洋大海，时而露出海面形成陆地。

在距今约 3.7 亿年前，地壳发生了剧烈的造山运动，秦岭南部隆起，露出海面，西安一带地层出现大幅度褶皱、断裂、抬升。

在新生代的喜马拉雅造山运动中，秦岭再度抬升，其北坡却大规模断裂下陷，成为关中地堑，西安的大致地貌就此成型。

根据“黄土风成”一说，西北风呼啸着将蒙古高原的尘土源源不断地吹向秦岭之北，关中地堑就在黄土覆盖与黄河冲积作用下，形成了平坦肥沃的关中盆地。

西安现在修地铁如此困难，并非只是为了保护地下文物，这与当地的地形地貌也有很大关系。

西安是典型的黄土地形，土质属于湿陷性黄土，结构容易破坏，发生下沉，对地铁隧道影响较大，每次具体施工前都要进行加固处理。

除此之外，西安还是国内地裂缝灾害最严重的城市之一，地裂缝容易导致地铁隧道变形，修建难度极大。

西安地铁 2 号线就因为在黄土地区修建难度大，建成通车后，拿了一个 FIDIC（ 国际咨询工程师联合会 ）“全球杰出工程”大奖，也是世界上获得该奖项的第一个地铁工程。

西安所在的关中盆地，还是历史上有名的“天府之国”。秦汉时期，这里是全国最富有的地区。西汉史学家司马迁说，当时关中人口是天下的十分之三，财富却占了天下的十分之六。

关中盆地被山带河，是易守难攻的兵家必争之地，被称为“四塞之国”，有着极为重要的战略地位。

古人认为，关中盆地东有函谷关（今河南与陕西交界处），西有散关（今陕西宝鸡市），南有武关（今陕西商洛市），北有萧关（今宁夏固原市）。这些险关以山川为据点，形成一道天然的防线，此即所谓的“四塞”。

分布于秦岭各处的古道，是西安通往汉中、巴蜀的要道。“蜀道之难，难于上青天”，蜀道与“四塞”共同拱卫着关中，同时对西安有着居高临下的威胁。刘邦与项羽争夺天下时，韩信“明修栈道，暗度陈仓”，就是跨过蜀道奇袭关中

■ 秦岭古道示意图 / 制图　锦公子

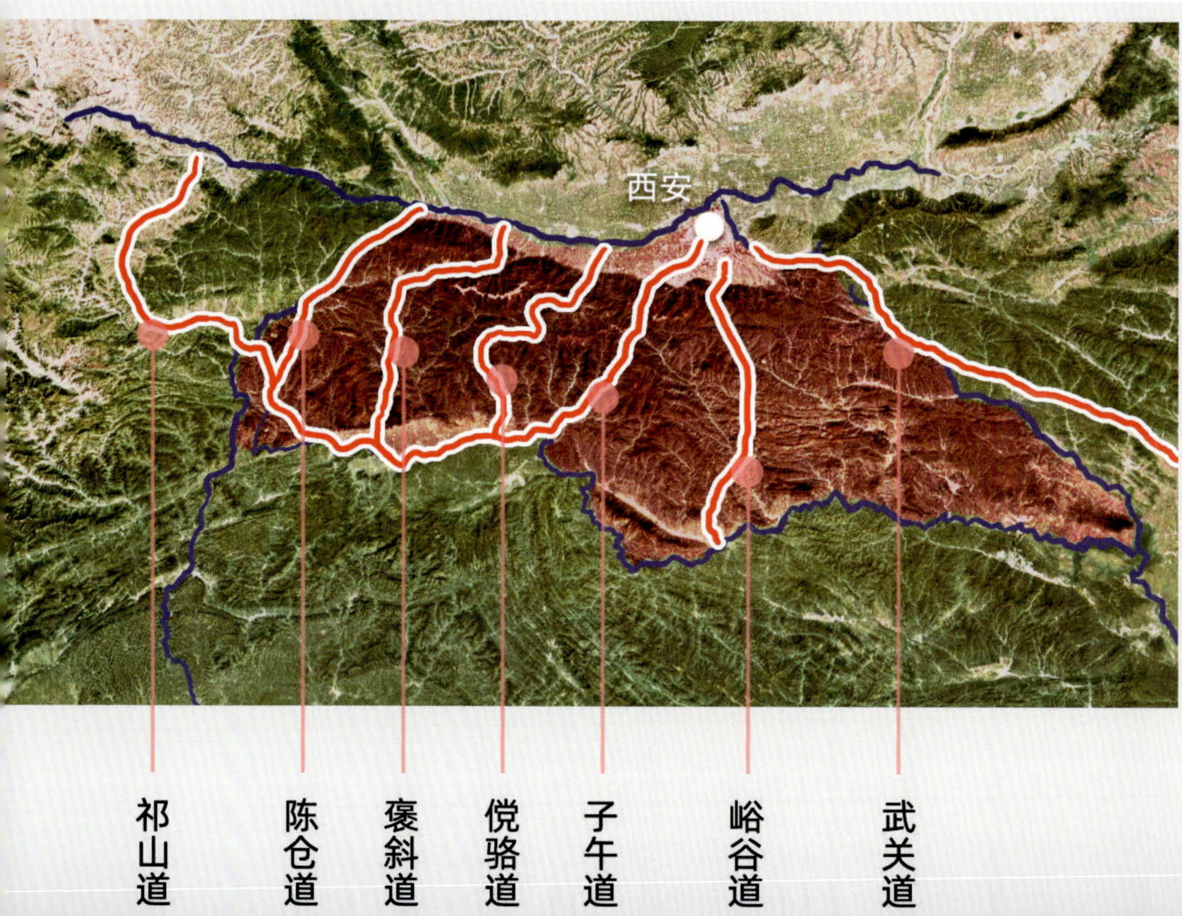

■ 雪后秦岭中段的终南山南五台，雾气缭绕，犹如仙境 / 供图　图虫创意

的典型案例。

秦岭名山之一的终南山，雄踞于西安之南，历代隐士曾在烟雾缭绕的山上修仙问道，名扬天下。

高山之下，“古原”纵横相接，构成关中的沃野千里。在关中，李商隐登临的乐游原、李白笔下的五陵原，与陈忠实小说中的故事背景白鹿原等，大都不是传统意义上的平原，而是专指一处处高而平坦的块状或带状黄土地带。

这种地形，地质学家认为是由渭河带来的泥沙冲积而成。它们携带着汉唐长安的文化基因，承载着当地人的园林与田野。就连古代西安城的水，也多是利用这些坡原地引进城内。

西安自远古时期就水源丰富，无数生命在此繁衍生息，如唐代诗人白居易所说:“诏开八水注恩波，千介万鳞同日活。”

■ 西安骊山，“火烧”盘山道 / 供图　视觉中国

骊山是秦岭的一个支脉，位于西安临潼区，自西周到唐朝，这里都是皇家园林的重要组成部分。西周周幽王就是在骊山为博褒姒一笑而“烽火戏诸侯”，秦始皇则将骊山选为自己的陵寝之地，唐玄宗更是在骊山与杨玉环上演了一场凄美的爱情故事。骊山远远地屹立在西安城外，注视着这座古都历代主人的生死与悲喜。

古代西安有八条河流围绕穿流，素有“八水绕长安”之说。北有渭、泾，南有潏、滈，东有浐、灞，西有沣、涝，“八水”均属黄河水系。

渭水，可谓关中地区的母亲河，其横贯关中平原，挟泥带沙，自黄土高原浩浩荡荡而下，滋养着十三朝古都，沿岸遍布着许多古代文化遗迹。

浊流滚滚的渭水，与水流清澈的泾水在西安汇合，一分清浊，蔚为奇观，此即所谓的“泾渭分明”。

山构成了西安的骨骼，水构成了西安的经脉，而黄土构成了西安的血肉，这些是西安最初的“宝藏”。

■ 灞河晨练 / 供图　视觉中国

灞河，渭河的支流之一。如今的西安，在灞河东岸兴建了西安世博园，图中的塔式建筑即为西安世博园的标志性建筑——长安塔。

西安凭借山川地势，成为中华文明的重要发祥地，是中国十三朝古都，也是世界四大文明古都之一。那座被称为“长安”的古城，至今仍在山河间回荡着盛世的弦歌。

■ 渭河晚霞 / 供图　视觉中国

渭河作为黄河最大的支流，发源于甘肃，一路南下，为关中平原带来了沃野千里。

十三朝古都：天道多在西北

如果将历史往前推，长安是神州大地当之无愧的主角。

早在先秦时期的历史典籍《左传》中，学者董叔就说出一句颇具神秘色彩的谶语："天道多在西北。"这一预言，在此后的历史中得以应验。

在漫长的岁月里，"得关中者得天下"这个战略口号不是一句空话。秦皇、汉武、唐宗在此指点江山；李白、杜甫、王维在此激扬文字；周、秦、汉、隋、

西安汉城湖景区天汉雄风浮雕 / 供图　视觉中国

唐五朝在此建都；儒、释、道三教在此融合，成为古代中国最为辉煌灿烂的记忆。

来到西安，最能直观感受到的历史“宝藏”是城墙。西安古城墙，被称为国内最古老、完整的古代城垣建筑，至今有 600 多年历史，是明代初年在唐长安皇城的基础上建筑而成。20 世纪 80 年代，西安古城墙进行了大规模的保护翻修，成了我们现在看到的样子。

古城的中心，钟楼与鼓楼，这两个高大宏伟的建筑自明清以来岿然屹立，与古城墙遥相呼应，除了具备安全防务的作用，“晨钟暮鼓”在古代还有向居民报时的功能。钟鼓楼静静地坐落于城中，无声地诉说着时光的流逝。

西安人爱修“城墙”也不是一天两天的事了。最早的西安“城墙”，出现在距今 6000 多年前新石器时代仰韶文化的半坡遗址中。古老的西安原住民在村落周围修筑了宽、深各 5—6 米的土沟。随着夯筑技术的发展，地下的“沟”逐渐变成了地上的“墙”。

2004 年，考古工作者在西安市高陵区发掘了距今约 5000 年的杨官寨遗址。其中最震撼的发现，就是这一聚落四周的梯形环壕，周长达 1945 米，壕宽 6—9 米，壕内聚落面积相当于 40 个标准足球场。这是当时中国考古界发现的最早

也是规模最大的城市遗址。值得一提的是，这一考古发现是建设西安经开区泾渭新城时，被挖土机偶然间铲出来的。

在西安的新石器时代遗址中，人们发现了许多炭化的粟与白菜籽，还有用来蒸饭的陶甑与盛饭的陶盆。这说明，我国是世界上主要的农业起源国之一，而很多农作物最早是在陕西培育成功的。

■ 西安古城墙角楼风光 / 供图 图虫创意

■ 半坡遗址中出土的鱼纹彩陶盆 / 供图
图虫创意

■ 西周时期的青铜器利簋 / 供图　图虫创意

■ 战国时期秦国的兵符——杜虎符 / 供图
视觉中国

农业是支撑史前聚落生存的主要产业，因此，那些对农作物发展有着突出贡献的先民得到了世人的崇拜。周王朝的始祖后稷，就是这样一位人物。在《诗经·大雅·生民》中，后稷被描述为发明农业、开垦农田的领袖，种植了大豆、麦子和瓜果等农作物。

此后，崛起于岐山与渭水之间的周人，在迁徙到关中盆地后建成了国都——丰、镐，拉开了西安十三朝建都史的序幕，从周朝国都丰算起，西安至今有3100多年的都城史。

武王伐纣是周人兴盛的转折点，出土于西安临潼区的西周青铜器利簋，其铭文记载了周武王在甲子日黎明出兵，一举打败殷商军队的历史，与古籍《尚书》《逸周书》中的记载相吻合，破解了牧野之战的千古之谜。

纣王死后，商王朝土崩瓦解。周以丰、镐二京为都，推行分封、礼乐制度，直到公元前771年，犬戎作乱，周幽王死于骊山下，周人才被迫东迁。

丰京与镐京，是西安地区最早建立的国都。周公在此制礼作乐，奠定了中华文明大一统的社会秩序，也使中国成为“郁郁乎文哉”的礼仪之邦。丰镐，是礼乐文明的象征。

西周灭亡之后，秦人开疆拓土，也在关中建成了自己的城邑。经过自秦襄公以来的六次迁都，秦孝公任命商鞅实行变法，将都城定在了渭北的咸阳。阳，在古代意指山之南，水之北。咸阳有“山水俱阳”之意，原指今渭河北岸的开阔地带。

秦始皇统一六国后，国都范围急剧扩张，他在渭河南岸营造

新殿，建设新的政治经济文化中心。秦朝的长安乡位于大秦帝国的“渭南开发新区”中，在今西安的北郊，这是长安作为地名的起源。

秦始皇是中国历史上的“千古一帝”。有学者认为，秦始皇至少开创了六大统一：统一郡县、统一律令、统一官制、统一文字、统一货币、统一度量衡。秦帝国为中国留下了丰厚的文化遗产，影响后世两千多年，还给西安留下了一个宝藏——秦始皇陵。

西安骊山北麓的秦始皇陵，在秦始皇生前身后修建了近 40 年。但在此后两千年的岁月中，秦始皇陵一直被掩埋于黄土之下。1974 年，临潼一个生产大队的农民在村北打井时，偶然发现了兵马俑坑。此后，秦兵马俑二号、三号坑相继重见天日，被世人惊叹为世界“第八大奇迹”。甚至有人说，没到过西安，就是没到过中国。

秦始皇的帝国，在他死后迅速淹没于秦末农民起义的浪潮中，秦都咸阳的宫阙也被项羽一把火烧了，而渭南的“咸阳新城”却在汉代重焕新生。楚汉之争中，汉高祖刘邦打败项羽，迁都渭南，将秦的兴乐宫重修为长乐宫，并取长安乡之名与“长治久安”的寓意，将都城定名为“长安”。

刘邦本来不想迁都关中，跟着他一起“创业”的弟兄们大都是山东（崤山以东）人，打完天下后都想离家近点儿“上班”。一个叫娄敬的无名小卒向刘邦提出了不同主张，他说，关中具有得天独厚的战略地位和丰盈充足的物产，在这里定都就稳了。他还说东周时期天子虽处天下之中，但天下诸侯都把他当成摆设，“非

■ 秦始皇陵，兵马俑 / 供图　视觉中国（左图、右上图）　图虫创意（右中图、右下图）

其德薄也，而形势弱也”。

这是说，从地势的险要程度来看，洛阳作为都城，并不如西边的长安。

张良也跟刘邦说，长安这个地方，可三面而守，在此定都，诸侯安定，渭河流通天下，这才是真正的金城千里、天府之国。在娄敬、张良等人的劝说下，刘邦最终选择了定都长安。

刘邦与他开创的大汉帝国，也为长安留下了数不尽的宝藏。在此后长达 200 多年的岁月里，长安成为中国历史上第一个国际化大都市。

张骞从这里应征出使大月氏，最终凿空西域；霍去病率军西进，在祁连山下斩匈奴三万余人，打通河西走廊；王昭君出塞，伴随着阵阵胡笳声，巩固边疆和平。英雄的理想、丝路的驼铃与帝国的财富在此汇聚。

长安也是当时世界上规模最大的都城之一，汉武帝大兴土木，扩建上林苑，凿昆明池，修建章宫。史书记载，汉长安闾里一百六十，有八街、十二门、九市，城市规模超过秦咸阳城。甚至直至近年，今西安未央区辖境内的汉长安城遗址，仍是我国迄今发掘的规模最大、遗迹最丰富的“完整的都城遗址”。

东汉光武中兴后，以洛阳为都，除了东汉末年汉献帝被挟持到长安，其他皇帝都在洛阳办公，只是偶尔巡幸长安。长安经历

■ 西安汉长安城城墙东南角遗址 / 供图　图虫创意

了暂时的衰落，尤其是在汉末乱世，军阀混战不休，古老的都城千疮百孔，一片凋零。汉献帝被困在长安时，城中一度出现人吃人的景象，以致“二三年间，关中无复人迹”。

欲戴皇冠，必承其重，国都的命运必然随国运而兴衰。西晋著名的美男子潘岳在长安当县令，写下了气势磅礴的《西征赋》：“黄壤千里，沃野弥望，华实纷敷，桑麻条畅……”但与此同时，潘岳也看到，长安的街道、官署一片萧条，当年的黄钟大吕被毁坏于庙前，狐狸、野兔在宫中掘穴，皇宫内也长满了茅草。

那时的长安百废待兴，山河却依旧是那么壮美，似乎在等待着另一个帝国去唤醒它的光辉岁月。

西晋永嘉之乱后，直到隋朝建立，长安在近 300 年的时间里，长期处于混乱之中。前赵、前秦、后秦、西魏、北周等政权先后在这里建都，城头变幻大王旗，汉长安城的繁华早已成过眼云烟。

隋文帝杨坚夺取北周政权，灭南陈，结束了南北朝的分裂局面。但当时的汉长安城久经丧乱，破败不堪，宫苑建筑就算修了再修，也达不到秦汉的规模；且旧长安城处于龙首原北，距离渭水太近，随时有发生水患的危险，经多年开发，水质也已变得咸苦。

杨坚可受不了这种地方当国都，他大手一挥，于开皇元年（581 年），在汉长安城附近的龙首原上重建新都，取名大兴城。这一超级工程仅仅用了 9 个月就建成，堪称奇迹。

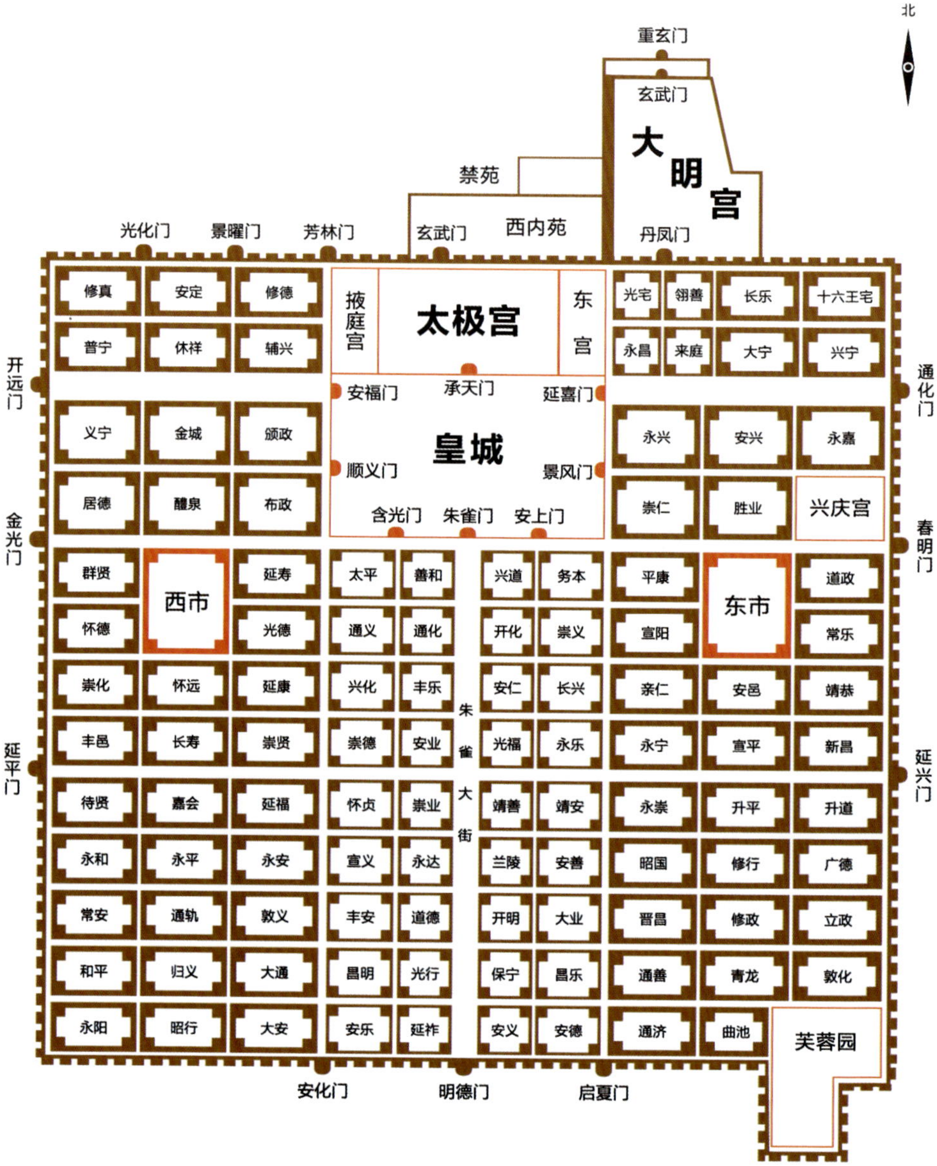

■ 唐代长安城构造图 / 制图　张凤杰

这，就是隋唐时期的长安城。

唐代隋兴，仍都大兴，取旧名“长安”。

长安，再次复兴。

隋唐长安城，经过数次整修与扩建，城市面积达 84 平方公里，以朱雀大街为中轴线，有东、西二市，108 坊，人口近 100 万，尽显盛唐气象。据统计，唐长安城约相当于汉长安城的 2.4 倍、明西安城的 9.7 倍。

新罗、日本、西域各国的商人、使者、留学生流连于长安城，他们组团来唐，甚至不惜冒着葬身鱼腹的危险。当时，长安城中的外国人约占城市人口的百分之五，这是一座极具世界影响力的国际性大都市，代表着长安都城史的极盛时期。至今，侨居海外的华人仍被称为“唐人”，华人聚居地被称为“唐人街”，这正是大唐长安文化留下的宝藏。

唐代，是属于诗的时代，杜甫追忆过长安的“开元全盛日”；李白想起秋风吹拂，“长安一片月，万户捣衣声”；孟郊在金榜题名后，“一日看尽长安花”；岑参与高适等人拾级而上，登上长安城中的名胜大雁塔，写下“登临出世界，磴道盘虚空。突兀压神州，峥嵘如鬼工。四角碍白日，七层摩苍穹。下窥指高鸟，俯听闻惊风”。

大雁塔历经沧桑，至今犹在，是西安城中保存最完好的古代建筑。当年玄奘法师西行归来，就是在大雁塔所在的大慈恩寺内翻译佛经。

■ 玄奘归来 / 供图　视觉中国

大雁塔，位于西安大慈恩寺内。公元 652 年，唐永徽三年，玄奘从天竺取经回来后主持修建大雁塔，用以保存经卷。

■ 大唐不夜城，再现盛唐繁华 / 供图　视觉中国

■ 长安记忆——永兴坊 / 供图　视觉中国

与庄严的大雁塔相比，小雁塔略显秀丽玲珑。小雁塔在西安城南已屹立1300多年，关中八景之一的“雁塔晨钟”，说的就是小雁塔内一口金明昌三年（1192年）铸的铁钟，每天清晨，有僧人按时撞钟，声音清脆悠扬，敲醒黎明的残梦。

“枕上一声残梦醒”，长安的盛世梦早已碎了。安史之乱后，唐朝国力逐渐衰弱。中和元年（881年），长安城再次被攻破，黄巢起义军与唐军的交锋，对长安城造成了极大的损坏。

黄巢起义失败后，他的老部下朱温先后骗取了唐僖宗与唐昭宗的信任，崛起为中原最强的军阀，并对长安城进行了毁灭性破坏。为了篡夺皇位，朱温强迫唐昭宗迁都洛阳，强制长安人迁居，挨家挨户将城中建筑拆毁，并将木板投入水中，顺流而下。长安城中的百姓为此号哭月余，痛骂朱温。

晚唐诗人韦庄在《长安旧里》一诗中记载了当时的惨状：“满目墙匡春草深，伤时伤事更伤心。车轮马迹今何在，十二玉楼无处寻。”经此一劫，长安城再次沦为废墟，建都的历史至此终结。

长安作为都城的历史终结了，但中国人的长安情结永远解不开。唐朝以后，长安虽然再也没有成为统一政权的国都，但一直是历代王朝的西北重镇，有着极为特殊的地位。

宋太祖赵匡胤不能迁都洛阳，却许下搬家到长安的心愿：“迁河南未已，终当居长安耳。”元朝的开国皇帝忽必烈，与明朝的开国皇帝朱元璋，都将爱子封到陕西，在长安故地建立了宏伟的王城。

小雁塔／供图 图虫创意

小雁塔建于唐代景龙年间（公元707—710年），位于西安城南的荐福寺。小雁塔采用密檐式砖构建筑，塔基面呈正方形，经历多次地震而不倒，有『三开三合』的神奇记载。

忽必烈之子忙哥剌的安西王府，仿佛盛世长安复兴的昙花一现，其安西王宫“斡耳朵”，堪比大都皇宫，旅行家马可·波罗为之赞叹不已，说“比这再好的是没有了”。

西安之名，始于明代，洪武二年（1369 年），朱元璋将元朝的奉元路改为西安府。

朱元璋之子秦王朱樉统治下的西安，号称“天下第一藩”，秦王在诸王中年龄最长、兵权最重。西安本来还有机会再次成为国都，朱元璋的长子、太子朱标曾经巡视关中，他经过洛阳，到达西安，仔细考察了两个城市，感受到汉唐都城在地理形势上的王者气派。一些史书认为，朱标有意迁都西安，但天不遂人愿，有着长安情结的他不幸早逝。西安错过了最后一次机会。

2020 年 8 月，西安市中心的明秦王府城墙发生局部坍塌。突如其来的意外，造成几位居民受伤，这一新闻轰动一时。明秦王府，正是始建于明朝第一代秦王朱樉时期，直到明末，1643 年，李自成攻占西安，杀末代秦王，才结束了大明王朝在西安长达 270 多年的统治。

西安的城墙轰然倒塌，惊醒了沉睡千年的长安梦。原来，历史并未远去，三千多年建城史留下的无尽宝藏，总是在时不时地翻阅古城的过往。

西安，是中国历史上“建都朝代最多、历时最长的都城”之一。从兴盛到暗淡，历经十三个王朝，包括周、秦、汉、隋、唐，以及前秦、北周等大小政权。尽管时过境迁，今日的西安依然是一个“宝藏城市”。

宝藏城市，从古至今

近几年，西安很火，坐拥历史大 IP，成了国民“网红城市”，常年霸占黄金周出游城市前十的地位，2019 年总接待游客突破 3 亿人次，旅游业总收入超 3100 亿元。

摔碗酒、毛笔酥、大唐芙蓉园的仕女不倒翁，总是在各种短视频里被刷屏，虽是接地气，但似乎总少了一点儿千年帝都的

■ 西安大唐芙蓉园 / 供图 图虫创意

底蕴。

西安，不只是“网红城市”。

西安是“硬科技之都”。

从“两弹一星”到载人航天，从 C919 大型客机到复兴号，这些高光时刻总有“西安科技”的身影。西安，聚集了国内航天、兵器 1/3 以上，航空近 1/4 的科研单位，是最大的航空航天研发基地之一，也是最重要的国防研发基地之一，有包括中国人民解放军火箭军工程大学、空军工程大学等在内的 8 所军事院校。

西安有 2 所“985”、7 所“211”大学，高校校园所占面积超过了城墙内的市区面积，上百万学子云集西安，为全国各地输

■ 日落下的西北工业大学 / 供图　视觉中国

送人才。西安交通大学、西北工业大学等名校闻名海内外，其中，西北工业大学是中国唯一一所同时发展航空、航天、航海（三航）科研的高校。

西安是文艺之城。

西安电影制片厂（现西部电影集团，简称西影），是中国老牌电影大厂，获国际奖项数量、影片出口量位居全国第一，张艺谋、陈凯歌在西影分别拍出了《红高粱》《霸王别姬》等经典电影，成为其从影生涯的代表作。

关中的黄土自古是滋养文学的土壤，当代作家中，陈忠实、贾平凹都与西安缘分匪浅，他们以关中为背景，写出了《白鹿原》

■ 西安电影制片厂 / 供图　图虫创意

《废都》等佳作。

另外，第五套人民币上的毛泽东画像，是西安美术学院名誉院长、画家刘文西画的。

西安是美食的大都会。

来西安边逛边吃，几天也走不完。有媒体称，西安人一天要吃掉 500 吨左右的面食。较早种植小麦的关中人，吃起面来那是一点儿也不含糊。

biáng biáng 面，西安特色面食，名字有多种写法，捞出面条，热油泼上，却都是一个字——“香”。

陕西八大怪之一的锅盔，人称“睁眼锅盔像锅盖”，干硬耐嚼，内酥外脆。

臊子面，最离不开那一口臊子汤，做法简单，却大有来历，据说自周人迁至岐山就已开始流传。

西安人爱吃肉夹馍，而真正地道的肉夹馍，必是皮酥里嫩，

biáng biáng 面 / 供图　图虫创意

肥而不腻。

西安另一传统美食葫芦鸡，相传出自唐玄宗礼部侍郎韦陟家的厨房，经过清煮、蒸笼、油炸三道工序，制成后香醇酥嫩、形似葫芦。

唐朝人桌上的水盆羊肉，至今还在影视剧中友情客串，这也是陕西的一道传统名菜。

可口可乐来到陕西，也难以取代西安本地产的冰峰汽水。冰峰这一国产品牌诞生于 1953 年，至今还很能打，在陕西可谓无人不知，无人不晓。

西安是激情澎湃的摇滚之乡。

张楚、郑钧、许巍，被称为“西安摇滚三杰”。1994 年，凭借《赤裸裸》红遍全国的郑钧回到西安，上了由老乡许巍担任嘉宾的节目。那时的许巍玩乐队还没成名，对郑钧取得的成就很是羡慕，不久后，他也离开了西安，出外闯荡。

许巍的《我思念的城市》就是写给家乡西安的：

我思念的城市已是黄昏，
为何我总对你一往情深？
曾经给我快乐，也给我创伤，
曾经给我希望，也给我绝望。
……

无数年轻人跟他们一样，从西安走出去，向远方追梦，让

■ 秦腔表演 / 供图　图虫创意

这座古城成为摇滚之城。过去的“八个半”酒吧，现在的光圈CLUB，在一众网红景点中略显小众，却是西安的摇滚圣地。

其实，陕西传统的秦腔就有几分摇滚精神，堪称最古老的摇滚乐。秦腔重气势，轻旋律，重在抒发心中愤懑。听着西安人吼几段《三娘教子》《孙膑坐洞》，比摇滚乐队还带感。

西安的3000年都城史，每一页都书写着古都昨日的辉煌与坎坷，留下中华文明历史长河的印记。

可在不少人看来，这样的西安封闭守旧，当地产业结构落后，创业更是不易，似乎没有脱离农耕文明基因，和现代商业总有一种隔阂。很多年轻人说这辈子一定要去西安，却没说要一辈子留下来。前些年，西安的大学毕业生大都是为其他城市提供人才储备。

作为全国九大中心城市之一，西安的小目标是万亿 GDP 和全国 20 强。为此，西安在 2017 年就开始采取“抢人大战”策略，推出了史上最宽松的落户政策，2018 年落户的“新西安人”增加

■ 西安浐灞欧亚国际 / 供图　视觉中国

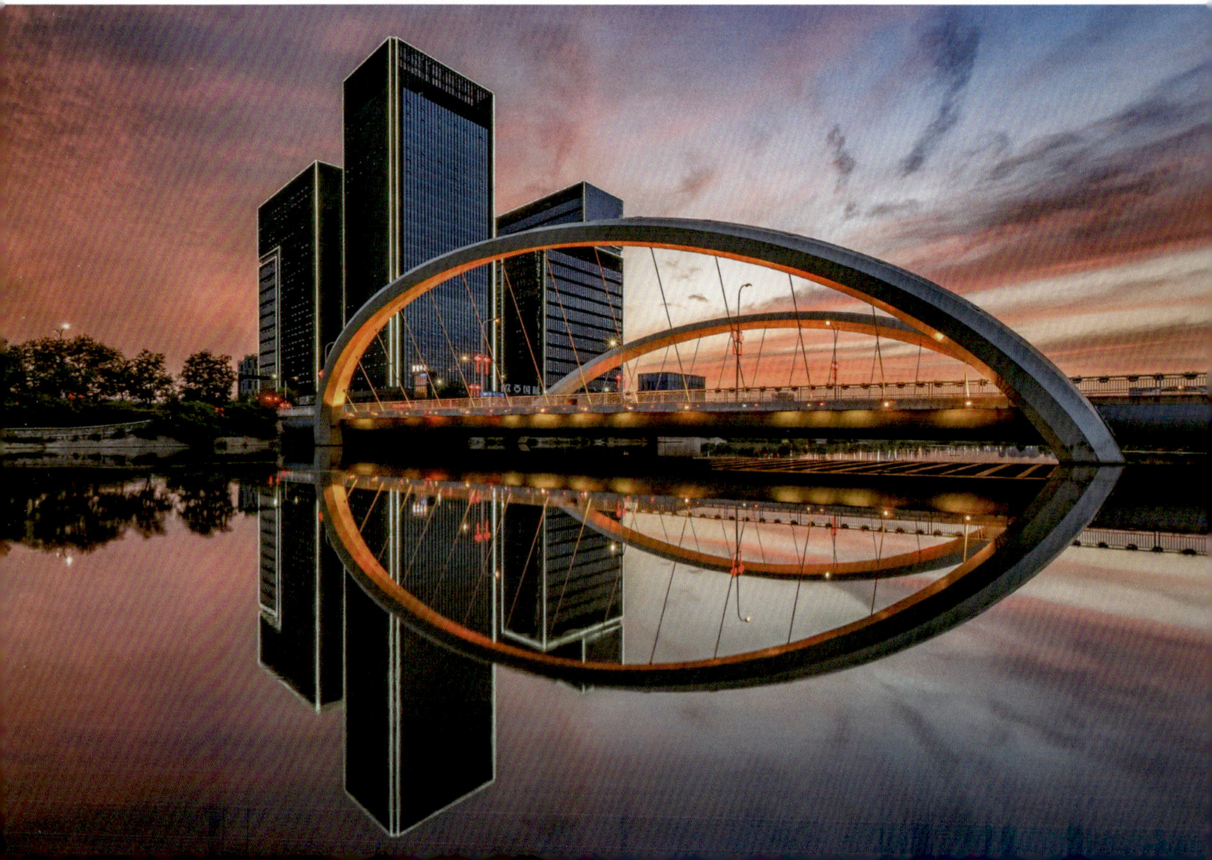

了 79.5 万，效果显著。

有个段子说，去西安旅游，结果被拉去落户。2019 年，西安有 30 万大学毕业生，有近半数选择留下，华为、万科等名企入驻也为西安留住了数万名人才。

同时，西安也在大力发展城市建设，预计 2024 年竣工的中国国际丝路中心大厦高度约 500 米，将会成为西安乃至整个大西北的新地标。

西安是一座古老而年轻的宝藏城市，继承周的礼乐，有了文学与艺术的沃土；继承秦的创新，有了科技与教育的兴起；继承汉的开拓，有了古城与新景的繁华；继承唐的包容，有了摇滚与秦腔的交融。

一代人只能干一代人的事，但总有人是年轻的，西安，未来可期。

无论是留在家乡的关中人、漂泊他乡的游子，还是造访古都的旅客，都可以在这里看见汉唐长安的影子。

这是最好的时代，长安，西安。

洛邑古城 / 供图　图虫创意

洛阳

中国唯一的神都，几经兴衰

“中国”，意为天下之中，最初是指华夏民族兴起的中原地区。

万里黄河跨越千山，流到中原，全长 446.9 公里的洛河与之汇合。两河之间的这片区域，被赋予了特殊的文化地理名词——河洛。

山河拱戴之下，一座古都在洛河北岸诞生，以河为名，成为中华文明的发祥地之一。

这就是洛阳，中国唯一的“神都”。

四面环山，六水并流

古代有一句话:“生在苏杭，葬在北邙。”如果说苏杭代表古人对美好生活的追求，那葬于邙山，就是当时人们理想的终极归宿。

据统计，洛阳邙山汇集历代墓葬数万座，有东周、东汉、曹魏、西晋、北魏、后唐共 6 个朝代的 24 个帝王长眠于此，还有秦相吕不韦、大诗人杜甫、大书法家颜真卿等名人归葬于此。其他

■ 北魏宣武帝景陵 / 供图　视觉中国

宣武帝，北魏第 8 位皇帝，孝文帝次子，死后葬在邙山之顶，其墓葬是国内极少数对公众开放地宫的帝陵之一。

王侯将相、富商巨贾更是不胜枚举。邙山陵墓一度多得“几无卧牛之地”。

邙山墓葬掀起了挖墓觅宝的狂潮，一种轻巧灵便的工具——洛阳铲由此发明，至今仍是重要的考古工具。

按中国风水学说，邙山靠山面水，藏风聚气，登山远眺，伊洛二川之胜尽收眼底，确实是绝佳的葬地。

地理意义上的邙山，虽然海拔只有 300 米左右，却地势雄伟，宛如一条巨龙，自西向东横卧于洛阳市北侧、黄河南岸，属秦岭余脉、崤山支脉，东西绵亘 190 余公里，号称“千年龙脉”。

在历史上，邙山也是重要的战场，为攻守洛阳、进军四方的战略要地。

邙山，像中国史册的无字天书，记录了洛阳山川形胜的一页。

从总体上看，洛阳地势西高东低，境内山川丘陵交错，地势复杂多样。

洛阳所在的河洛盆地，位于黄河中下游南岸，四面环山，西有崤山、中条山，南有熊耳山、外方山、伏牛山，东有淇山、嵩山等多座高山；北面是黄河，黄河南岸的邙山成为天然屏障，正好使洛阳免于黄河水患的侵扰。

山谷间风光秀丽，以自然生态著称于世，既有两山相峙的峡谷，也有历史悠久的山寨。

嵩县木札岭，石林奇峰，壁立千仞，山上原始林海遍布，古木参天。

洛阳白云山，一年之中常被云海覆盖，林深谷幽，瀑布飞跌。

■ 披着霞光的伏牛山 / 供图　视觉中国

■ 伏牛山主峰老君山，金顶道观群 / 供图　图虫创意

明朝万历年间，神宗在老君山上建金殿，并将老君山封为“天下名山”，这种由皇帝明诏亲封“天下名山”的待遇，全国独此一例。

嵩县白云山 / 供图　视觉中国

伊川县九皋山，兼有“泰山之雄、华山之险、黄山之奇”，是古人眼中离天最近的“天室”，也是《诗经》中“鹤鸣于九皋，声闻于天”的出处。

洛阳南部，位于栾川县的养子沟，处于伏牛山主峰老君山的怀抱之中，融幽、秀、险、峻于一身，堪称中原地区的“桃花源”。

民间传说中，女将樊梨花就是在这里养子教子的。

栾川县鸡冠洞 / 供图　视觉中国

洛阳城外，群山连绵，如城墙拱卫都城。

古人凭借洛阳周边山势，设孟津、小平津、函谷、伊阙、广成、大谷、轘辕、旋门等八大关口环卫四塞，史称“洛阳八关”。

如此，洛阳雄关林立，更是名副其实的形势险固，历来为兵家必争之地。

■ 日落新安函谷关 / 供图　视觉中国
历史上的函谷关有三座，分别是秦关、汉关、魏关。其中汉关就位于洛阳新安县，西距秦关 150 公里。

洛阳水系亦十分发达，除北边的黄河外，还有洛河、伊河、清河、涧河、瀍河等十余条河水汇流于此，地跨黄河、淮河、长江三大水系。

古都洛阳山川纵横，西依函谷秦川可君临天下，北靠太行且有黄河之险，河水汇流而有膏腴之地。在很长的历史时期内，河洛地区代表着农耕文明的最高经济水平。

现在，引黄灌溉工程为洛阳带来了新的生机。

作为我国跨世纪第二大水利工程，位于济源以南的小浪底大坝，击水搏浪，气势雄伟，形成浩渺水面、曲折河道与雄伟山势相映生辉的胜景，既具备防洪、发电等多项功能，也吸引了大批观光游客。

侯非侯，王非王，千乘万骑走北邙。

在古代，洛阳有“四面环山，六水并流，八关都邑，十省通衢”的美誉。

而今，邙山风采依旧，帝王陵墓却隐匿于岁月深处。

据说，1000 多年前，对洛阳青睐有加的隋炀帝曾登上邙山，向南眺望伊阙。那时的他，心中也许想着，何不建都于此？或寻思着百年之后，归葬于邙山。

■ 河南黄河小浪底水库泄洪调水时的壮观景象 / 供图　视觉中国

万古千秋对洛城

古人说，河出图，洛出书。河图洛书，被认为是中华典籍、阴阳五行术数的来源。

传说，伏羲看见龙马出于黄河，身有纹路，受到启发，根据龙马身上的图点，在洛阳画成了八卦；而大禹时神龟出于洛水，背有文字，在河洛治水的大禹据此演为《洛书》。

根据现有史料，洛阳有 4000 多年的建城史，其中作为都城的时间加起来更是长达 1500 多年，号称“十三朝古都”，也是我国建都年代最早、朝代最多、时间最长的古都之一。

《史记 · 封禅书》称：“昔三代之居，皆在河洛之间。”

五都荟洛示意图／制图 锦公子

近代以后，考古学家通过洛阳出土的遗迹，打通了历史与传说的隔膜，发现了“五都荟洛”的奇观。

河洛盆地腹心，洛水沿河一线分布着五大都城遗址，从东到西分别为偃师商城（西亳）、夏都二里头遗址、汉魏洛阳城、隋唐洛阳城和东周王城。

洛阳市偃师市二里头夏都遗址博物馆 / 供图　图虫创意

洛阳洛邑古城的夕阳 / 供图　图虫创意

■ 洛阳周王城广场，天子驾六雕塑 / 供图　视觉中国
在古代的礼制中，只有皇帝的马车可以由六匹马来拉，即“天子驾六，诸侯驾五，卿驾四，大夫三，士二，庶人一”。

这些遗址之间距离只有 30 多公里，密集的都城分布举世罕见，从中可见朝代更迭，一眼千年。

史载，商汤灭夏后，将都城建在河洛，史称西亳，即偃师商城所在地，位于二里头遗址东北约 6 公里处。

周朝建立后，周天子在今洛阳王城公园一带营建洛邑，认定洛邑是“天下之中”，直至周平王东迁，拉开了东周的序幕。

周天子在临近涧河和洛河的东周王城，经历了春秋战国的纷扰。周王室东迁到洛阳后，延续五百年而亡，天下一统归于秦。

秦朝发家于关中，没有定都东周故都洛邑。

汉高祖刘邦在楚汉相争中胜出后，建立汉朝，一度想选择洛阳为都城，但最终还是选择了地势更加险峻的长安。

到了公元 25 年，刘秀建立东汉，定都于此，洛阳得以再续辉煌。

刘秀随兄长在南阳起兵，投身农民起义军，手下的功臣多为南阳、颍川等地的山东（崤山以东）豪族地主，称帝后定都洛阳，也是为了守住自己的根基。

洛阳为东汉帝都，直到公元 190 年董卓之乱，汉献帝被迫迁都长安，旧都洛阳毁于战火，“宫室烧尽，街陌荒芜”。

六年后，献帝东还时，关东群雄并起，却只有一代枭雄曹操赶来接驾。

曹操迎献帝迁都许昌，其子曹丕称帝后，又建都于洛阳，重建宫室。

司马炎代魏建晋后，西晋也定都于洛阳。

在乱世中崛起的魏晋两朝，都选择天下之中的洛阳为都城。但不久之后，经历了永嘉之乱的洛阳再度陷入战火之中，成为北方五胡十六国争夺的战略要地。

洛阳的再次兴盛，要等到南北朝时期。

公元 494 年，北魏孝文帝拓跋宏推行汉化政策，从平城（今山西大同）迁都洛阳。

孝文帝在执政期间，对北魏朝政进行了大刀阔斧的改革，对推动北方各民族大融合功不可没。但他决定迁都洛阳时，遭到了部分鲜卑贵族的反对。

于是，拓跋宏假借南征为由，率领 30 万大军与朝中重臣南下。走到洛阳时，拓跋宏不走了，顺水推舟地将都城从平城迁到了洛阳。

北魏迁都后，重建洛阳城，鼎盛时期都城规模已接近隋唐时期的东都，且之后隋唐营建的大兴城与东都洛阳都仿效了北魏洛阳城的规划设计。

好景不长，孝文帝迁都仅仅 40 余年后，北魏两大权臣家族宇文氏与高氏，一个立足长安，一个东迁邺城，后来演化成西魏和东魏。

东西相争，洛阳地处两者中间，成为争战之地，难逃被毁的命运。正所谓，洛阳“盖四方必争之地也，天下常无事则已，有

■ 洛阳博物馆镇馆之宝，曹魏白玉杯（左图）与北魏佛面残片（右图）/ 供图　视觉中国

事，则洛阳必先受兵”。

北魏分裂后，一个名叫杨衒之的人奉命回到故都洛阳，只见“城郭崩毁，宫室倾覆，寺观灰烬，庙塔丘墟”。眼前残破的一切，让他万分悲痛。

杨衒之的著作《洛阳伽蓝记》，表面上是写洛阳佛寺盛衰，实际上寄托了深深的故国哀思。

然而，洛阳的风光史并未就此结束。

南北重归一统后，隋朝第二任皇帝隋炀帝杨广也对洛阳青睐有加。

隋炀帝在位时，举全国之力，重新营建东都洛阳，既是为了运送粮草，征伐辽东，也是为了更好地达到自己巡游天下的目的。

隋朝以洛阳为中心，修建了大量的粮仓。

其中，洛阳市出土的含嘉仓遗址位于隋唐洛阳城北，被认为是当时最大的粮仓，到盛唐时期占了天下储粮的近二分之一。唐朝皇帝在关中饥荒的年代，还要率领百官前往洛阳就食，得到一个“逐粮天子”的雅号。

同时，杨广还下令开凿大运河，造龙舟，率领诸王、后妃、百官、宫人等十余万人南下，船队长达百里，过着骄奢淫逸的生活，直到后来被手下大臣推翻，身死国灭。

隋唐大运河以洛阳为中心，南抵余杭（今杭州），北达涿郡（今北京），长约 2700 公里，满足了杨广好大喜功的欲望，但更重要的是连通了南北经济动脉，加强了洛阳的中枢地位，洛阳不久后就成为拥有百万人口的“国际化大都市”。

隋炀帝还在洛阳的南市举办过一次盛大的“招商引资”活动。他命人把洛阳城的树木用红绸子围起来，请外国商人免费吃饭，洽谈生意。

当时，洛阳也是丝绸之路的起点城市之一。

作为皇帝，杨广虽是亡国之君，但也为后世留下了不朽基业。

■ 隋唐大运河示意图，可见洛阳为大运河的中心枢纽 / 制图　张凤杰

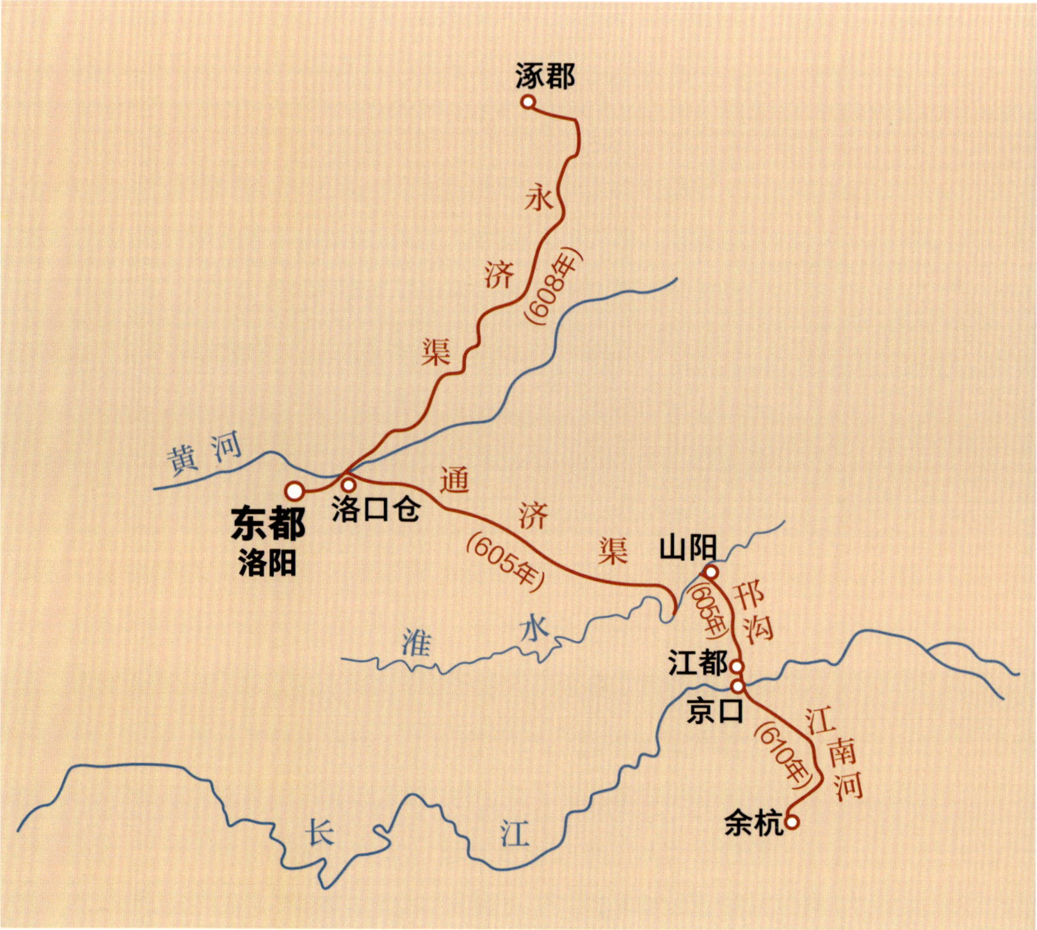

隋唐两朝皇帝都出自“关陇集团”。这是由西魏权臣、北周的奠基者宇文泰融合其所割据关陇区域内的鲜卑六镇民族，及其他胡汉土著而成的军功贵族集团，以关中长安为“基本盘”。

从北周到隋朝再到唐朝，三个朝代的权力更替，实际上是在关陇集团内部进行的。论关系，唐高祖李渊还是隋炀帝杨广的表哥。

隋炀帝杨广对东都洛阳进行营建，本质上也有倾向山东（崤山以东）、江淮士族等新势力的因素。因此，后世有人将此解读为杨广与关陇集团的决裂，也正是此做法推动了隋末的政治洗牌。

隋炀帝的步子迈得太大，引起了后来人的警惕。

唐初几代皇帝都在关陇与山东两个集团之间权衡，兼顾洛阳与长安的地位。

到女皇武则天执政时期，洛阳才又超越了长安。

武则天出自山东（崤山以东）寒族，本不是关陇集团的成员，她既当过唐太宗的才人，也是唐太宗之子、唐高宗李治的皇后，一生经历颇为传奇。

唐高宗在位后期，才能出众的武则天在旁辅佐，形成“二圣临朝”的局面。到唐高宗去世后，武则天已经掌握唐朝权柄。

为了让自己登位称帝，建立新秩序，她改东都洛阳为“神都”，使之凌驾于长安之上，之后假托弥勒佛转生，代唐为帝，成为中国历史上唯一的女皇帝。

称帝这年，她已是 67 岁高龄。

洛阳龙门石窟，卢舍那大佛 / 供图　图虫创意

卢舍那大佛，是龙门石窟中规模最大的一座雕塑，艺术水平和整体设计也是最佳的，有“东方蒙娜丽莎”之称。相传，这座佛像是以武则天为原型雕塑的，颇有母仪天下的威严与风度。

在洛阳，武则天重视选拔人才，甚至亲临考场，主持科举考试。她说：“天下之广，庶事至繁，非一人所能周也。”

武则天广开入仕之门，用庶族新兴阶层逐步取代了关陇贵族的地位，推动科举士大夫兴起，使门阀士族走向没落，这是中国历史上的进步之举。

此外，武则天在洛阳城市建设中的最大动作，是修建明堂和天堂。

史书记载，明堂有三层，高度为 90 米左右，中有通天柱上下贯通。而天堂

更宏伟，一共有五层，中间放置一尊大佛，仅佛像的小指就可并坐数十人。明堂和天堂都在建成不久后就遭火灾和风灾，毁掉后又重建。

史载，为了重建，“日役万人，采木江岭，数年之间，所费以万亿计，府藏为之耗竭”。

从记载来看，明堂和天堂是中国历史上规模最大的单体木构建筑，一直以来，人们甚至不敢相信它们真实存在过。

隋唐洛阳城国家遗址公园，明堂与天堂复原建筑 / 供图　图虫创意

■ 洛阳应天门广场 / 供图　图虫创意

应天门，隋唐洛阳城宫城的正南门，是隋唐时期举行盛大仪典的场所，也是古代中国规格最高的城门。

■ 洛阳八小景之一，瀍壑朱樱 / 供图　图虫创意

瀍壑朱樱是古时洛阳城的盛景。可以想见，隋唐时期，洛阳人徜徉在洛河各处美景的惬意心情。

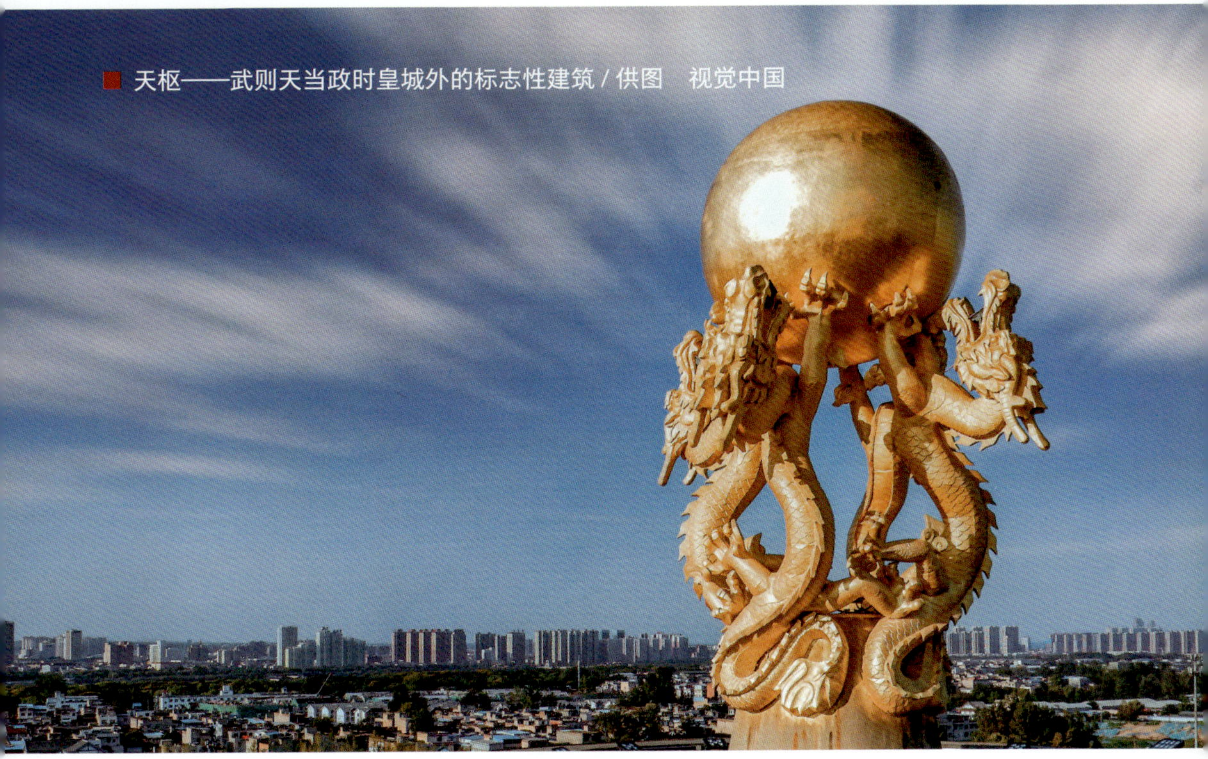

■ 天枢——武则天当政时皇城外的标志性建筑 / 供图 视觉中国

直到 1986 年，洛阳一个施工现场意外挖出了一个直径 3.67 米的巨型柱坑，人们才相信，天堂和明堂不是传说。

在武则天的治理下，肇始于隋朝的隋唐洛阳城发展到一个高峰，经济、文化发展实现了质的飞跃。

公元 705 年，武则天在洛阳上阳宫病逝，政权重归李唐。她的儿子、唐中宗李显复位，还都长安，此后有意降低了洛阳的地位。

神都洛阳的记忆，逐渐变得模糊。

尽管此后洛阳仍为大唐东都，是重要的国际都会。但唐玄宗年间的安史之乱，倾覆了帝国的盛世，也让洛阳跟着遭殃，陷入战火之中，元气大伤。

“诗圣”杜甫早年在洛阳居住，见证过其鼎盛繁华，但到了安史之乱后，四处漂泊的他不敢跟人打听洛阳的情况，害怕那个梦幻的神都彻底成了追忆。

杜甫《忆昔二首》（节录）

洛阳宫殿烧焚尽，宗庙新除狐兔穴。

伤心不忍问耆旧，复恐初从乱离说。

安史之乱后，洛阳作为大运河中心的地位也受到了挑战。从江淮连接到洛阳的通济渠，由于安史之乱断航，淤塞长达八年。

公元 764 年，唐代宗时期，朝廷理财大臣刘晏重开汴河，并改革漕运制度后，开封的水运地位逐渐崛起。四方转运的粮食货物不再进入洛阳，而是由汴河经黄河入渭水直达长安。

在帝国经济重心南移的大背景下，洛阳丧失了大运河的中心地位，日渐衰落，后来被开封取代。

公元 907 年，唐朝灭亡。

在藩镇割据的基础上，中原地区相继出现了后梁、后唐、后晋、后汉、后周五个短暂的政权，其中前三个朝代都曾建都洛阳，后两个朝代都以洛阳为陪都。

北宋立国，以开封为东京，作为国都；洛阳为西京，成为陪都。

宋太祖曾考虑迁都洛阳，但其弟赵光义（即宋太宗）极力谏阻。他对哥哥说：“大哥，你到洛阳吃什么啊？”此时的洛阳，已经丧失大运河中心的区位优势，无法源源不断地获取来自南方的粮食物资。

赵光义还分析，以洛阳为陪都，一旦发生战乱，更易依靠其山河关隘进行退守。他话虽是这么说，但后来北宋灭亡也没利用好这一优势。

宋代之后，洛阳这座城市似乎不再像以前那样特点鲜明，也不如从前般耀眼。

到金、元、明、清四代，洛阳已经降为府城，规模缩小，难得迎来贵客，后来仅是明朝福王朱常洵的封地，以及晚清光绪皇帝的行宫。

文明的回响

1981 年，洛阳发掘的唐代安菩墓中，墓主人身上的一个细节引起了考古学者的注意。

人们在这座唐代古墓中发现了大量的陪葬品，墓主安菩是安国（西域古国）的贵族，后来在唐朝当官。

安菩死后只带了一件随身物品，那就是他手中紧握的罗马金币。

整座墓是独特的坐南朝北格局。这名来自今哈萨克斯坦一带的胡人，似乎至死都在眺望远方的故乡，他手中握着的罗马金币，代表其对西域的想念。

在《世界遗产名录》中，洛阳是中国第一座同时列入大运河与丝绸之路两个世界遗产的城市。

汉唐盛世，沙漠驼铃声声，使者、商旅、僧人、工匠等经过古丝绸之路到达洛阳，带来西域特色的文化，也为神都的魅力倾倒。

东汉时期，有一天，汉明帝梦见一个全身金色的人在殿前飞绕而行。大臣告诉他，在遥远的西方有类似的传说。

汉明帝听罢大喜，派中郎将蔡愔、博士秦景等向西而行。在西域，蔡愔一行遇到了天竺僧人迦摄摩腾与竺法兰，抄得佛经四十二章，并邀请两位高僧前往大汉都城洛阳传授佛法。

永平十年（67 年），蔡愔一行陪同迦摄摩腾、竺法兰跋山涉水，用白马驮着佛经回到洛阳。

汉明帝为此在洛阳修建了中国第一座佛寺——白马寺。这是中国佛教的发源地，被尊为“祖庭”“释源”。

曹魏甘露五年（260 年），一个名叫朱士行的人在京城白马寺受戒出家，取法号“八戒”，他是历史记载中第一个正式受戒的汉人。

佛教来到洛阳，逐渐融入中华文明，变得中国化。

洛阳白马寺 / 供图　图虫创意

始凿于北魏孝文帝迁都时期的龙门石窟，位于洛阳古关“伊阙”，它见证了西域佛像传入中原后与中原艺术的融合。龙门石窟断断续续开凿了 400 多年，现存佛像 10 万余尊，形成横跨两山的壮丽石窟群。

武则天还是皇后时，丈夫唐高宗以她的形象在龙门石窟造了一尊佛像，武后还为此捐助了两万贯胭脂钱。

这尊佛像高达 17.14 米，脸庞圆润，慈眉善目，带着神秘微笑，据说是武则天四十多岁时容貌的再现。此即洛阳龙门石窟最著名的象征——卢舍那大佛。

洛阳，也是道家的发源地。

■ 壮丽的龙门石窟群 / 供图 图虫创意

■ **大道行天下 / 供图　视觉中国**

相传道教始祖老子在洛阳老君山归隐修炼，自北魏开始，人们就在老君山建庙塑像以纪念老子。

公元前 6 世纪，孔子从鲁国风尘仆仆地来到东周王城，考察周朝的礼乐制度。《史记》记载，孔子在洛阳与管理周朝图书典籍的老子有过一次会面，并虚心地向老子求教。

后来，孔子对弟子说：“吾今日见老子，其犹龙邪！”

老子在东周当了大半辈子的“图书管理员”（守藏史），后来辞官归隐，西出洛阳，骑着青牛，一路来到函谷关下。

函谷关关令尹喜也是个好学的人，他得知老子即将隐退，请他著书留作纪念。老子就在函谷关留下了五千余言的《道德经》，交给尹喜，从此出关，无踪无迹。

洛阳老君山上，至今还流传着老子修道的故事。

北宋时期，洛阳为西京，安置了一些朝廷党争的失败者和闲散官员，不少文人学士也因此云集于此著书立说，使洛阳成为当时的学术文化中心。

曾位居相位的赵普、吕蒙正、富弼、司马光等都曾长期在此居住。司马光正是在洛阳期间，完成了《资治通鉴》的编撰。

宋代大儒邵雍、“二程”（程颐、程颢）等在洛阳讲学，他们开创的学派被称为“洛学”，深刻影响了此后数百年封建王朝的官方哲学。

洛阳还有无数象征中华文明的印记。

“武圣”关羽在民间以忠义闻名。相传，他当年被孙吴所害，首级被装在木匣中送到洛阳，葬于今洛阳老城南的关林。后来，

关林经过历代扩建，成为闻名天下的关公祠庙，昭示着传说中关羽的大义。

近代以后，辛亥革命元老张钫隐居洛阳铁门镇，收集唐代墓志千余片，于乱世之中坚守洛阳文化根脉，后建成中国著名的墓志铭博物馆——千唐志斋。

遍布海内外的客家人，也可在洛阳找寻原乡。在洛阳偃师北部虎头山公园南麓，依山建有一座“中原客家先民南迁圣地纪念碑”。自西晋永嘉之乱起，客家人从中原南下，开始了多次大规模人口迁徙，但始终公认“根在河洛”。如今，南方各地客家人的堂前仍有不少挂着“河洛先声”的祖训。

福建省泉州市洛阳桥 / 供图　图虫创意

洛阳桥，又名万安桥，建于北宋年间，由泉州太守蔡襄主持修建。这是中国现存最早的跨海石桥，也是古代中国四大名桥之一。相传在公元 4 世纪初，西晋末年，生活在河洛的汉人为避战乱，南迁渡江，部分人迁至今福建泉州一代。为了与当地土著居民区分，加上对故乡河洛的眷恋，他们自称“河洛郎”，也就是客家人。据说客家人思念洛阳老家，便将这座桥改名为“洛阳桥”。

沉默的神都

如今的洛阳，是一座慢半拍的城市，即便在旅游城市中也不是名声最响亮的。

2021 年，洛阳 GDP 为 5447.1 亿元，总体上稳步增长，排在全国 40 多名，与山东临沂、浙江台州、湖北襄阳在同一水平，仅仅是普通的三线城市。

新中国成立之初，洛阳也在第一批“共和国长子”中，敢闯

■ 现代洛阳城 / 供图　图虫创意

敢拼，有第一拖拉机制造厂、洛阳矿山机器厂、洛阳热电厂、河南柴油机厂等重工业大厂。

时至今日，除了“旅游城市”之外，洛阳最重要的标签就是“工业城市”。在河南，其工业实力仅次于省会郑州。

尽管洛阳现在只是一座看似平平无奇的区域性城市，但这就是中国历史上独一无二的古都。

正如宋代司马光所说：“若问古今兴废事，请君只看洛阳城。”

来到这样一座几经兴衰的千年古都，还有什么想不开、看不透、放不下的呢？

世事沧桑如邙山上的白云，翻来覆去，唯有神都洛阳，永恒不朽。

洛阳体育场 / 供图　图虫创意

南京鸡鸣寺 / 供图 视觉中国

始建于西晋永康元年，1700 多年间香火不断，有“南朝第一寺”，“南朝四百八十寺”之首的美誉。

南京

一座有着 70 多个名字的城市，悲情而坚韧

■ 雪后，秦淮河畔 / 供图　视觉中国

清朝最伟大的小说家曹雪芹，在北京什刹海附近某王府的马厩里，过着穷困潦倒的生活。但他的大脑里，始终装着少年时锦衣玉食的记忆。

那是他至死不能忘怀的故乡——江宁（今南京）。

他提笔写起《红楼梦》，将书中最让人怜惜的 12 个女孩冠以故乡之名，称为“金陵十二钗”。在书中，每个人的命运都是在红尘历劫，“千红一窟（哭），万艳同杯（悲）”。

而这恰似曹雪芹本人的命运写照。

也像极了南京这座城的历史命运：一座繁花似锦的城市，掉落红尘，历经无数劫难，美丽而悲情。

山水与王气

落入红尘之前，南京是一座名副其实的山水之城，如少女般美艳。

距今约1亿年前，以河北燕山为中心的地壳运动——燕山运动，初步奠定了中国东部的地貌轮廓，形成宁镇山脉。

宁镇山脉西段在南京地区发展为三个分支：

北支沿长江南岸向西延伸，包括栖霞山—乌龙山—幕府山—狮子山—马鞍山—清凉山—三山；

中支由钟山起一直延伸入如今的南京市区，包括钟山—富贵山—九华山—北极阁—鼓楼岗—五台山—清凉山；

南支绕城东南及南部，包括青龙山—方山—牛首山—三山。

三支山脉构成了南京主要的地貌特征——丘陵地形，以低山缓岗为主。

而对南京影响更大的是水。

在很长的历史时期内，长江一直都是南京的北界，号称“天堑”。浩浩长江在城西北奔腾不息，作为南京的天然屏障，默默见证这座城市的起起落落。

在长江的数百条支流中，秦淮河并不起眼，但她却是南京的母亲河。

■ 中山植物园中的热带植物宫 / 供图　图虫创意

■ 清凉山崇正书院，清凉胜境 / 供图　视觉中国

■ 中山陵音乐台 / 供图　图虫创意

■ 牛首山霞光 / 供图　图虫创意

■ 南京长江大桥 / 供图　视觉中国

■ 南京长江二桥，又称八卦洲大桥 / 供图　图虫创意

南京长江三桥，又称大胜关大桥，远处为京沪高速铁路跨江大桥 / 供图 视觉中国

南京长江四桥，又称栖霞山大桥 / 供图　视觉中国

南京长江五桥，又称江心洲大桥 / 供图　图虫创意

大约距今4000年前，湖熟人在秦淮河中游建村定居，开始了川流不息的历史叙事。从孙吴开始，整个六朝时期，300余年间，秦淮河一直是南京城南的重要军事屏障，也是通向南京城的交通要道。

相对于“大江”（长江），秦淮河古称“小江”，由此南京在地理上形成“两江夹一城”的格局。

南京城中的玄武湖和莫愁湖，一个位于城东北钟山下，一个位于城西南清凉山侧，恰如这座城的点睛之笔，见证了历史之灵韵与沧桑。

被山水滋养孕育的南京，因为独特的地理位置，历来颇受人们青睐。

从风水角度来看，南京无疑是完美都城。

东面：以钟山（今紫金山）为苍龙；

西面：以石头山（今清凉山）为白虎；

南面：以秦淮河为朱雀；

北面：以覆舟山（今九华山）为玄武，又以北湖（后改名玄

■ 远处的紫金山，中间的玄武湖，与近处的明城墙在晨霞中相互守望 / 供图　图虫创意

武湖）为玄武。

四面以天然的山水合围，形成四神拱卫皇都的布局，这就是所谓的“象天设都”。

传说诸葛亮曾路过金陵，观察一番后说:“钟阜龙蟠，石头虎踞，此乃帝王之宅也。”这成为日后南京的代称——“龙盘虎踞”的滥觞。

龙盘虎踞最初是古人对苍龙（天蝎座）、白虎（猎户座）星座的形象描述，这里被借用来分别指代南京的钟山、石头山，说明这座城市有王霸之气。

也正是从三国时期开始，南京开启了晋升中国一流都城的逆袭之路。

■ 中华门瓮城城门 / 供图　视觉中国

中华门始建于五代十国的杨吴时期，明朝初期对其进行了扩建。中华门被称为“天下第一瓮城”，是世界上保存最完好、规模最大、结构最复杂的堡垒瓮城。

从打压到崛起

比起建都史，南京的建城史更为久远，可以追溯到 2500 年前的战国时期。

公元前 472 年，越国灭吴一年后，在今南京中华门长干里一带筑越城以图楚，这是南京建设军事堡垒的最早记载。

100 多年后，楚国灭越，在今南京清凉山一带置金陵邑。

秦始皇统一中国后，改金陵为秣陵县。

金陵和秣陵，都是南京的曾用名，两个名字一字之差，意思却天上地下。秣，意为喂牲口的草料，秣陵就是牧马场。改“金陵”为“秣陵”，有点儿把这座城踩在脚底下的意思。

这里涉及一段传说：“秦始皇东巡会稽，经此县（金陵），望气者云，金陵地形有王者都邑之气。故掘断连冈，改名秣陵。”在这个传说中，秦始皇将金陵改名为含有贬损意味的秣陵，是为了镇压“金陵王气”。

但贬损式的改名，显然阻止不了这座城市在历史上建功立业。

■ 石头城 / 供图　图虫创意

有“东吴第一要塞”之称，因清凉门到草场门之间的明城墙上凸起的石壁形似鬼脸，又被称为“鬼脸城”。

秦始皇死后 400 多年，东汉建安十六年（211 年），雄踞东南的孙权将其政治中心从京口（今镇江）迁到了秣陵。第二年，他在秦淮河边修筑了石头城，并将秣陵改名为“建业”——建功立业。

18 年后，公元 229 年，孙权在武昌称帝，同年迁都建业。这是南京第一次成为一个王朝的都城，由此拉开了其作为“十朝都会”的序幕。

又半个世纪后，公元 280 年，西晋大将王濬率水军从四川顺江东下，直抵石头城，东吴最后一代帝王孙皓自缚请降，东吴宣告灭亡。

后来，唐朝大诗人刘禹锡写诗重现了西晋平吴的历史过程：

王濬楼船下益州，金陵王气黯然收。

千寻铁锁沉江底，一片降幡出石头。

平吴后，晋武帝司马炎首先想到的依然是给建业改名——改回“秣陵”；然后采取分治的方式，将秣陵一分为三，瓦解当地吴人的势力；最后再将其中一部分命名为“建邺”，表面是恢复“建业”之名，实际上“邺”字代表的是司马氏的发迹之地邺城，“建邺”暗含了司马氏要在江南建立新邺城之意。

这一系列举措，都是晋武帝打压“金陵王气”的特别手段。

吊诡的是，仅仅 30 多年后，司马炎的堂侄司马睿就渡江到建邺称帝，好歹保住了司马氏的半壁江山。为了宣扬司马氏政权南迁的正当性，此时不仅不能打压“金陵王气”，还得卖力宣传。于是，东晋的史学家造势，说秦始皇时期流传着“五百年后金陵有天子气”的预言，如今500年过去，正好应验在东晋开国皇帝司马睿身上。

从孙权的吴国，到东晋，再到宋、齐、梁、陈四朝，均定都于此地（当时分别称建业、建邺和建康），南京已是妥妥的六朝古都。

南京从这一时期强势崛起为顶级都城，背后隐藏着中国经济大势的变迁密码。

古代都城选址除了考虑地理、军事要素外，最重要的考量因

素还包括经济。中华帝国前半期的两个超级帝都——长安和洛阳，从宣传层面上，一个讲的是地势险要，另一个讲的是位居天下之中，但还有一个隐藏的因素，那就是这两个都城均位于当时全国经济最发达的地带。

南京所依靠的江南区域，经济在三国以后开始起飞。待到江南经济发展起来，“天下财赋出于东南，而金陵为其会”，南京作为都城的最佳选择就无可挑剔了。

南京正好位于长江下游从东北流向转为正东流向的拐点处，是江南距离中原最近的地方，同时，前有淮河、长江两道天然防线，后有富庶的吴越地区作为经济后盾，简直完美。难怪南朝诗人谢朓说南京是：“江南佳丽地，金陵帝王州。”

南朝时期的俗语说：“腰缠十万贯，骑鹤上扬州。”其中的“扬州”，指的正是扬州的治所建康，也就是今天的南京。

■ 长江五马渡广场 / 供图　视觉中国

相传在西晋末年，司马氏的琅琊王、彭城王、汝南王、西阳王和南顿王为避战乱，南渡长江，来到今天南京市幕府山北麓的江边时，琅琊王司马睿所乘骏马忽然化龙飞去，这一传说为司马睿随后称帝造势，成为其称帝前的“吉兆”。

历史的循环

南朝之后，南京的历史几乎就是之前历史的重演，始终处在金陵王气“起—灭—起—灭”的循环造势中。

公元 589 年，隋朝 51 万大军兵临南京城下，南陈后主陈叔宝却说：“王气在此，齐兵三度来，周人再度至，无不摧没。今虏虽来，必应自败。”

结果，金陵王气没能成为他的护身符。他在胭脂井中被俘，南陈灭亡。

在南陈被灭之前，太府卿韦鼎把在南京的田地和房子都卖掉了。朋友不解，问他原因。韦鼎说：“江东王气，尽于此矣！吾与尔当葬长安。”

南陈的灭亡，很长一段时间内被当作一个象征性事件，标志着金陵王气的终结，南京作为都城的历史落幕了。

整个唐代，南京在建制上基本只是作为一个县（江宁县、归化县、白下县、上元县等）而存在，这造成南京长时间的没落。

唐朝诗人写了很多关于南京的经典诗歌，但这些诗不是在想象六朝时南京的繁盛，就是在写唐朝时南京的衰微。罗隐有一首《金陵夜泊》很出名，在诗里，没了王气的南京就是一座被权力压得死死的废都：

冷烟轻淡傍衰丛，此夕秦淮驻断蓬。
栖雁远惊沽酒火，乱鸦高避落帆风。
地销王气波声急，山带秋阴树影空。
六代精灵人不见，思量应在月明中。

只有到了乱世，南京才再次崛起。

这已经是南陈灭亡300多年后，五代十国时期，南唐以金陵为国都，开创了一个经济、文化发展的黄金时代。

南唐亡国（975年）后，又过了将近400年，刘伯温与几个朋友一起游西湖，忽然看到西北方向有一片奇怪的云朵，倒映在湖面。

大家纷纷赋诗，认为这是代表吉祥的五色云，只有刘伯温一人豪饮满杯酒，放言说："此王气应在金陵，十年后王者起，佐之者其我乎？"

这个故事，是明朝的史书为明朝定都南京进行造势。在当时人看来，朱元璋建立明朝，是历史上金陵王气最盛的时期。

此前建都南京的六朝和南唐，都是偏安一隅的政权，王气是有了，但霸气不足。只有朱元璋第一个打破了南京政权偏安和短命的历史宿命。

尽管他的儿子朱棣后来把国都迁到了北京，但因为南京是开国立基之地，也是朱元璋陵寝所在地，所以整个明朝近300年，南京作为国家根本重地、国脉所在的地位，从未动摇。

自朱棣迁都北京（1421年）后，过了将近500年，中华民国最初定都南京，后又迁都北京。到了1927年，蒋介石掌权，再次确立了南京的国都地位。仅仅 22 年后，南京国民政府败亡。

■ 明孝陵 / 供图　视觉中国

明孝陵是明朝开国皇帝朱元璋与其皇后马氏的合葬陵寝，也是明朝在南京的唯一一座皇帝陵寝。

苦难与涅槃

统计显示，南京在历史上有过70多个名字：冶城、越城、石头城、秣陵、金陵、建业、扬州、建邺、建康、秦淮、升州、蒋州、上元、集庆、应天、京师、白下、金城、江宁、天京……中国乃至世界恐怕都没有哪一座城市，像南京一样有这么多的曾用名。

每次改名，都意味着有大事发生，不是朝代更迭，就是来了新主人。谁都想在这座名城以赋予它一个新名字的形式留下自己的印记，而为此付出的代价却不像换一个名字这么轻巧。

历史上，南京经历过六次毁城，分别是：

公元327年—公元329年，东晋苏峻叛乱期间；

公元548年—公元552年，南梁侯景叛乱期间；

公元589年，隋朝灭陈以后；

公元1130年，金兵撤离之时；

公元1853年—公元1864年，太平天国定都与被湘军攻灭前后；

公元1937年底—公元1938年初，侵华日军攻陷当时作为中国首都的南京以后。

每一次，对南京都是致命的毁灭，城建灰飞烟灭，人口被屠杀以致锐减，文化出现断层，昔日繁荣顿成废墟。最后一次毁城，侵华日军发动南京大屠杀，血债累累，迄今仍是整个国家沉痛的历史记忆。

另一个统计数据也彰显了南京的多灾多难，英国汉学家魏根深统计，截至公元 1600 年，中国历史上发生战斗最多的城市，南京以 106 次排在第一位，遥遥领先于排名第二的洛阳（70 次）及排名第三的长安（52 次）。

因为独特的地理区位和“金陵王气”的传说，南京成为中国南方最适合建都的城市。也正因如此，这座城市，有时是北伐的起点，有时是南征的终点，有时又是偏安的基点。所谓兵家必争之地，莫此为甚。

放眼整部中国史，正是南京的数次“牺牲”，才庇护了华夏文明。

当游牧民族南侵、中原动乱之时，汉人南渡，第一个选择往往是南京，六朝如此，南宋起初也是如此。随后再休养生息，立志北伐恢复中原。东晋、刘宋、萧梁等朝代都曾矢志北伐，可惜功败垂成。而南宋则因宋高宗无意北伐而将行在南迁到了临安，但迫于群臣匡复中原的压力，仍以南京为行都，终南宋一朝，亦与北伐的历史议题相始终。后来的明朝和民国，均以南京为起点北伐，并取得成功，统一了中国。

历史学家朱偰比较了长安、洛阳、金陵、燕京（今北京）四大古都后，说：“**此四都之中，文学之昌盛，人物之俊彦，山川之**

■ 侵华日军南京大屠杀遇难同胞纪念馆 / 供图　视觉中国

灵秀，气象之宏伟，以及与民族患难相共，休戚相关之密切，尤以金陵为最。”

南京的坚韧与倔强，在历次成毁和胜败之中彰显无遗。中国没有哪一座城市像南京这么有生命力，能够一次次死而复生。

苏峻叛乱毁城后，不到 200 年，南朝梁武帝时，建康有户籍 28 万户，人口达 100 余万，当时已是妥妥的世界第一大都市。

隋朝灭陈后，隋唐两代对南京刻意打压贬抑，但到南唐时，南京又一次成为中国的繁华大都会，人口、经济和文化迎来小高峰。

在元朝，南京是中国纺织业的中心，城内有专业工匠六千余

■ 南京江宁织造博物馆的云锦作品九龙图特写 / 供图　视觉中国

户，南京生产的云锦被定为皇家御用品。

到了明朝，南京是一座国际化大城市，郑和在龙江建宝船厂，开启下西洋的第一次远航。著名传教士利玛窦在晚明曾三次来到南京，他说：“在中国人看来，论秀丽和雄伟，这座城市超过世上所有其他的城市。”

明清时期，南京还是整个帝国绝对的文化中心。毗邻夫子庙的江南贡院是古代最大的科举考场，可以同时容纳两万人进行考试。明清两朝，中国有10万余名进士及一半以上的状元，均从这里走出。

■ 南京夫子庙 / 供图　图虫创意

南京夫子庙地处繁华的秦淮河北岸，是中国第一所国家最高学府，也是中国四大文庙之一，由孔庙、学宫、贡院三部分组成。

伴随科举的繁荣，南京城里常年定居着大量的文人、高官、画家、诗人与名妓。艺术与娱乐，孕育出这座城市的风流往事。夫子庙与江南贡院所在的秦淮河畔，集市云集，书画、诗词、唱曲、戏剧、园林、美食，一切美妙的事物，群聚于斯。

繁华之下，诞生了一批传世名著：孔子的后人孔尚任追忆明朝，写出了长演不衰的《桃花扇》；落第的吴敬梓自称“秦淮寓客”，写出了讽刺小说《儒林外史》；被抄家的富二代曹雪芹深感世态炎凉、盛衰无常，写出了伟大的《红楼梦》；辞官的袁枚投资置业，潇洒度日，写出了《随园诗话》《子不语》等作品……这是南京文化发展史上的几座高峰。

虽然从未被历史温柔以待，但南京以宽容和韧性，一次次温暖了历史。

■ 上图　中国科举博物馆，江南贡院 / 供图　视觉中国

■ 下图　灯火阑珊夜秦淮 / 供图　图虫创意

鲜活的当下

南京既有陕西的厚重，也有河南的苦难；既有安徽的失落，也有浙江的意气……中国历史的整体缩影，都可以在这座涅槃之城找到痕迹：历史的、文化的、现实的、诗意的。

无论多么辉煌抑或沉重，如今这座城都已蜕变为南京人日常生活的背景。

漫步在南京，随时可以遇见一段明城墙，邂逅一处名人故居，或者碰见一个历史地名，撞见曾躲在唐诗宋词里的巷子、湖泊与寺庙。

而在这些弥漫着历史气息的场域背后，是一碗滚烫的鸭血粉丝汤，一句“多大四（事）哎”的口头禅，一场“春牛首，秋栖霞”的出游约定，以及一张张不紧不慢、淡然度日的脸孔。

南京人就这么活了2000多年，云淡风轻，宠辱不惊。

一切仿佛自古如斯。

南京本土作家叶兆言曾写过，抗战胜利后，一帮社会名流被召集到一起，征选南京的市花。有人提议梅花，有人提议海棠，还有人提出了樱花。意见没有得到统一，人们针锋相对，众说纷纭，征选市花最终不了了之。此时，一位名人打岔说南京的代表不是什么花，而应该是大萝卜。

谁也不知道从何时起，南京人就被调侃为“大萝卜”，但它

南京城墙解放门段 / 供图　视觉中国

却很恰当地道出了南京这座城以及南京人的性格——古朴，实诚，通透。

吴敬梓在《儒林外史》中写到杜慎卿与萧金铉在雨花台观景，太阳西斜时，他们看见两个挑粪桶的，挑了两担空桶，也在山上歇息。

这两个挑大粪的，一个拍着另一个的肩头说："兄弟，今日的货已经卖完了，我和你到永宁泉吃一壶水，回来再到雨花台看看落照。"

听到此，杜慎卿笑着说："真乃菜佣酒保都有六朝烟水气，一点也不差！"

有些东西已经刻入基因，没有历史长河中的兴衰起落打底，一介贩夫走卒便不会有如此绵长的生活趣味。这不是眼下的经济体量、高楼大厦、城市排名所能囊括的。一座城，一城人，一时的成败，放宽了看，都不过是雨花台上的落照。

这，就是南京！

这，就是南京人！

■ 南京雨花台风景区 / 供图　图虫创意

北京故宫午门 / 供图　图虫创意

北京

700 年来，中国第一城

■ 北京故宫太和殿全景 / 供图　图虫创意

北京故宫金水河 / 供图　图虫创意

北京故宫建筑光影 / 供图　图虫创意

相传，清朝礼部官员在接待外国使臣时，为了让使节们遵守“天朝上国”的礼仪，故意安排他们从北京内城的正阳门徒步向北，沿着城市中轴线前往觐见皇帝。

这条笔直的中轴线上，庞大雄伟的建筑群足以让使节们心生敬畏，而从皇城内外一个个城门经过，走上紫禁城的大道，还有一段漫长的距离。

经过一番折腾，使节们到太和殿前已是身心俱疲，一些不愿下跪的西方使者，也不得不拜伏于天子脚下。

这个故事的真伪有待考证，但在北京城，确实有一条贯穿南

■ 北京故宫完整建筑群 / 供图　图虫创意

北的中轴线。

这条线南起外城的永定门，北至钟鼓楼，经过天安门、紫禁城、万宁桥等老北京标志性建筑，形成“左祖右社，前朝后市”的格局，宫苑居前，民宅居后，坛庙分列左右。如今这条线又向北延长至奥林匹克公园，其东边为“鸟巢”，西边为“水立方”。

这条贯穿南北的城市中轴线，恰好与北京的环形结构组成一个巨大的“中”字。

若向广袤的国土延伸，穿越无数山川大河，这座发端于 3000 多年前的古都，正居于统率全局的一国之轴上。

■ 故宫的颜色 / 摄影　卢奕霖

承乾宫

山川形胜

古语云:“择天下之中而立国。”

历史上，北京并非立于天下之中，这里更像是一个人为打造的国家心脏。

在近代工业到来之前，影响北京建都的因素有两个：一是京杭大运河，二是长城。

公元 7 世纪，隋炀帝在位，为征讨辽东的高句丽，他征召

■ 京杭大运河通州段，千荷泻露桥 / 供图　图虫创意

百万民夫，开凿大运河，将南方的物资运往北方，当然，此举也便于将江南的粮食、丝绸等物资运往帝国中心的长安和洛阳。

尽管雄心勃勃的隋炀帝始终啃不下高句丽这块硬骨头，但他下令修凿的大运河却成为千秋功业。在此之后，经过历代修建，北起北京，南达杭州的京杭大运河奔流不息，连通海河、黄河、淮河、长江、钱塘江五大水系。

在成为帝都之前，北京经历过多次气候变化。

公元 11 世纪，我国气候进入寒冷期，天气转冷，降水量减少，一些本可在黄河流域种植的亚热带植物（如梅、柑橘）进一步南移。

北京气候干冷，农业生产明显不如经济富饶的江淮地区，自从有了京杭大运河这条生命线“输血”，便可以南连江淮，仰仗东南。当时的京杭大运河，就像今天的京沪高速公路与京沪高铁一

■ 京杭大运河通州段，榆林庄船闸 / 供图　图虫创意

样重要。

在通航天下的漕运推动下，位于华北平原北端的北京，逐渐由北方重镇转变为全国政治中心。

京杭大运河的最北段被称为“北运河”，其上游叫温榆河，发源于北京市昌平区及海淀区一带，向南流入通州区，在天津市汇入海河。

通州目前正在建设北京城市副中心，在历史上，这里曾是绝佳的河运码头，名称取自“通漕天下”之意，北京多条河流在此交汇，并与大运河相连。

据统计，北京共有 200 多条大小河流，一般可归纳为五大水系：永定河、拒马河（大清河）、温榆河（北运河）、潮白河和泃河（蓟运河）。五大河流夹带泥沙，经过亿万年的激荡，冲刷出一

■ 北京温榆河公园茑屋 / 供图　图虫创意

个平坦的北京平原。

在这五条水脉中，永定河被誉为“北京的母亲河”，对城市发展贡献最大，且与北京平原的形成密不可分。永定河上游为桑干河，出官厅山峡后，满载肥沃的泥沙流至北京，滋润平原上的农田，也带来了丰富的地下水，但因它多次改道、水患频发，也曾被当地百姓称为“无定河”。

北京有一句歇后语：“卢沟桥的狮子——数不清。”横跨永定河的卢沟桥上，几百只形态各异的石狮子依次排列在桥面，据说早年文物部门在统计时给狮子做过编号，清点的数量为 485 只，再次清点时，却变成了 501 只。

中国古都的选址，常将周边山水的防御、经济、交通与景观

■ 蓝天碧水之间，列车在丰沙线一号桥上飞渡宽阔的永定河 / 供图　图虫创意

等因素都考虑在内。

除了有纵横交错的河流，总体上看，北京三面环山，坐北朝南，地形为西北高、东南低，平原占 1/3，山地占 2/3。

西边是太行山脉，当地人称为“西山”；从城市中轴线向北延伸，为高耸绵延的燕山山脉。两条山脉交会，合成了一个向东南方向缓缓展开的大山湾，山脉环抱之处即是北京平原。

位于华北平原北沿的北京平原，就像一个半封闭状的海湾，古人称赞其:“左环沧海，右拥太行，北枕居庸，南襟河济，诚天府之国。”

北京北部，在两条山脉的庇佑下，自西向东形成一道山障。历史上，这条线以北居住着游牧民族，以南则为农耕民族。

这条农牧分界线上的标志性建筑，就是长城。

作为万里长城的一部分，北京长城依山而建，随山盘旋，也是历代王朝建都的军事屏障。正是有了长城拱卫，元、明、清三朝才能“据长城而抚四夷”，明成祖朱棣才能胸怀“天子守边”的气魄，迁都龙兴之地。

人们往往将长城与秦始皇联想在一起，实际上，北京长城的修筑经历了三个主要时期：先秦燕国与秦王朝、南北朝的北魏与北齐、明朝。

明代是北京长城建造的高峰期，迄今北京长城主要的遗存皆为明长城。

■ 上图　燕京八景之一——卢沟晓月 / 供图　视觉中国

■ 下图　卢沟桥千姿百态的石狮子 / 供图　图虫创意

从明朝立国一直到明末，修建长城的工作从未停止。居庸关、八达岭、慕田峪、金山岭、司马台等城墙关隘，凝聚了徐达、常遇春、戚继光等名将的心血，澎湃着九边重镇的雄伟气势，也融入民族精神之中。

■ 金山岭长城 / 供图　图虫创意

金山岭长城，始建于明洪武元年（公元 1368 年），西起古北口，东至望京楼，有“万里长城，金山独秀”之称。

1933 年，长城抗战在全国产生重大影响，素有“京师锁钥”之称的古北口成为主要战场。不久后，爱国音乐人聂耳、田汉创作《义勇军进行曲》，以长城精神鼓舞全国人民奋起抗战，抵御外侮。这首歌，后来成为中华人民共和国的国歌。

运河蓟水牵动着命脉，幽燕群山拥抱着长城，古都北京独当两面，以此立于天下之中。

■ 古北水镇 / 供图　图虫创意

古都北京

古都北京的历史，大致经历了蓟城、燕上都、秦汉广阳郡、隋唐幽州城、辽南京、金中都、元大都、明北平府与北京、清京师等阶段。

公元前 11 世纪，周武王伐纣之后，分封诸侯，将帝尧的后代封于蓟国。蓟国的国都蓟城，遗址在今北京广安门一带，这是北京城的源头，也是“北京建城 3000 年”的由来。

蓟是小国，后来被燕国所灭，其国都蓟城成为燕国的上都。此即《史记》中所记载的:“蓟微燕盛，乃并蓟居之，蓟名遂绝焉。”

燕国虽然吞灭了蓟国，把蓟城改作燕都，但在列国中相对弱小，同时还要抵御北面的匈奴、东胡等游牧民族，距离天下之中更是遥不可及。

在《史记 · 燕召公世家》中，司马迁主要写了三件事：一是燕国的初代国君燕召公以德治国，让贵族和平民各得其所，因此深受爱戴；二是战国时期，燕昭王黄金台拜将，在乐毅、郭隗等人才的辅佐下复兴燕国，击败强大的齐国；三是著名的荆轲刺秦，战国末期，燕太子丹派荆轲前去刺杀秦王政，结果功败垂成，五年后，燕国为秦所灭，共存在了 800 多年。

燕人讲求德政、选贤任能、不畏强权，在高山大水之间击筑鼓琴、慷慨悲歌，描绘了北京城的底色。

秦并天下后，蓟城属广阳郡管辖，现今的北京密云区则属于相邻的渔阳郡。

秦二世元年（前 209 年），边城渔阳正等待一批戍卒的到来，但这些被征发的农民被暴雨阻挡了道路，即将因逾期而被问罪。他们走到半路，在陈胜、吴广的率领下发动起义，率先举起了反秦的大旗，最后导致了秦帝国的灭亡。

从秦汉到隋唐，幽蓟皆为边防重镇，但其地位在国家格局中不高，大部分时间都是“小透明”，只有像隋唐两朝皇帝大举征伐辽东这种大阵仗，才能凸显其军事地位。

唐朝时期，北京一带是幽州的治所，唐朝在此设范阳节度使，幽州城故址就在今北京西南二环一带，而唐朝的命运起伏，也与幽州息息相关。

唐玄宗在位时，为加强边防，在边境地区设置了十个藩镇。其中，范阳藩镇的设立，是为了防范契丹人从东北方向入侵，节度使是备受唐玄宗信赖的安禄山。后来，安禄山身兼范阳、平卢、河东三地节度使，管辖从今辽宁朝阳到北京，再到山西太原的广大区域。

唐天宝十四载（755 年），安禄山的野心进一步膨胀，他与好友史思明从幽州起兵谋反，一路势如破竹，踏碎了大唐盛世的锦绣繁华。

大唐王朝经历了八年的“安史之乱”，从此一蹶不振。有一座留存至今的北京寺庙见证了这场动乱，那就是由唐太宗李世民诏令修建的悯忠寺。

当年，唐军远征高句丽，唐太宗班师回朝途中，为纪念阵亡将士，下诏在幽州城南修建此庙。

后来，安、史二人起兵作乱，为了祈求上天保佑，竟在悯忠寺中为自己修建了两座佛塔，后来人们唾骂这两个乱臣贼子，将这两座塔毁去。

这座寺庙，在清朝雍正时得以重修，改名“法源寺”，位于今北京西城区教子胡同南端。

■ 北京法源寺天王殿 / 供图　图虫创意

到了五代十国，沉寂多年的幽州因一场政治买卖再度登上历史舞台，并逐渐迈向帝国的中央。

公元 936 年，后唐河东节度使石敬瑭起兵谋反。为了当上皇帝，他向当时雄踞北方的契丹求助，许诺称帝后可以割让幽云十六州给契丹人，因此得到辽太宗耶律德光的支持。

石敬瑭如愿以偿地成为契丹人的“儿皇帝”，建立了短命的后晋王朝。而契丹人得到幽云十六州后，华北门户大开，中原地区在之后的两个世纪里不断受到北方游牧民族的威胁。

契丹人以辽为国号，建立五京制，升幽州为陪都，号曰“南京析津府”，又称燕京。

辽五京制度中，地位最高的是上京临潢府（今内蒙古巴林左旗），但其地处广阔的草原地带，都城建设远远比不上历史悠久的燕京。

在当时，燕京不仅是辽朝的南京，更是北方的经济文化中心，在五京中最为兴盛，提供了辽朝一半的财政收入。

史载，辽南京“户口三十万，大内壮丽，城北有市，陆海百货，聚于其中。僧居佛寺，冠于北方，锦绣组绮，精绝天下”。辽朝皇帝一年四季四下巡游，在五京之间走动，到后期大部分时间都住在辽南京。

这是这座城市由军事重镇走向国家政治中心的过渡阶段。

公元 1122 年，女真人建立的金国攻破燕京，成为这座城市的新主人。

金朝建立的也是五京制，到北宋灭亡后，其统治范围已至淮河以北，出于战略考虑，应该从其兴起的东北腹地迁都到华北平原的燕京。

但是，女真统治者对是否迁都产生了分歧，有些人就想守着东北那旮旯。

公元 1150 年，海陵王完颜亮发动政变，谋杀金熙宗，自立为帝。完颜亮为人残暴，弑君夺位后，肆意淫辱宗室妻女，处死违抗他的大臣，很多女真贵族对他感到不满。

为了摆脱反对的浪潮，完颜亮于继位次年发布迁都诏，顺应“据腹心以号令天下”的战略需求，将国都从上京会宁府（今哈尔滨）迁往燕京，并改燕京为“中都”。

完颜亮的迁都政策加强了民族融合，但其淫乱暴虐的行为早已引起宗室大臣的恐慌。最终，完颜亮在征宋路上被手下所杀，其帝号也被废除。

这个在历史上名声极差的君王，却彻底改变了北京的政治地位。

自金中都始，从元大都，到明北平府、清京师、民国北平与新中国的首都北京，北京作为国都的历史前后已有 800 多年。

铁骑踏遍欧亚的蒙古人，最先继承了女真人留下的遗产。

公元 1271 年，成吉思汗的孙子忽必烈取《易经》中的“大哉乾元”一句，建立元朝，将原来的金中都改为元大都，并由大臣刘秉忠负责营建。

刘秉忠早年当过居士，后来随僧人前往漠北觐见忽必烈。一见面，忽必烈就发现他是一个经国济世的奇才，请他留下来当谋士。从此，刘秉忠深得忽必烈信任，两人经常彻夜长谈，关系特别密切。

刘秉忠带着学生赵秉温、郭守敬等人，经过实地考察，在当时积水潭（今什刹海）的东岸，即现今北京鼓楼东侧找到了一个中心点，作为元大都中轴线的起点，从此处向四周扩展，建造了一个有 11 座城门的宏伟都城。

关于元大都为何只有 11 座城门，而不是按照惯例四面各“旁三门”，有这么一个传说：刘秉忠营建元大都是仿造神话中哪吒三头六臂两足的形象，寓意为借助神话人物的法力护卫京城，特别是降伏龙王，以解决大都的水患问题。

元朝建立了幅员辽阔的帝国，却为政暴虐，只存在了不到一个世纪的时间。

公元 1368 年，明军大将徐达率军攻入元大都后，明太祖朱元璋在应天（今南京）下诏，将元大都降为北平府。直到公元 1403 年，在靖难之役中取胜，夺得帝位的明成祖朱棣才将北平改为北京，再次确立其国都的地位。

明朝的北京城较元大都整体南移，但仍保持城市中轴线的主体格局。到明嘉靖年间北京外城开始修建时，一条贯穿紫禁城、北起钟鼓楼、南至永定门的城市中轴线愈发清晰可见，明北京内、外城由此构成“凸”字形的空间形态，影响至今。

大明“王气”萦绕北京三百多年，在一场悲情的英雄群戏中走向消亡。

公元 1644 年，明朝皇帝崇祯、农民起义军领袖李自成与当时清朝的实际掌权者多尔衮，在历经多年的博弈后，进入终局之战。

这一年，李自成带领他的军队进入北京城，崇祯皇帝眼见自己的王朝即将倾覆，拒绝大臣迁都的建议，用剑杀死了自己的几个家人，来到城中的煤山（今景山），自缢而死。最后一刻，身边只有一个忠心的太监跟随他。

李自成旋即建立大顺政权，但他的统治并没有维持多久。

同一年，深谋远虑的清摄政王多尔衮越过长城，得到明将吴三桂的暗中接应，从山海关迅速开进北京城。转眼间，李自成也被清军打败，骑马仓皇逃命，次年在湖北九宫山被杀。

经过公元 1644 年的风云突变，北京成为清朝京师，进入最后一个封建王朝统治的时期，见证了古代中国最后一个盛世。

清军入关后，几乎全盘接收了明皇城与宫城，保留原有的城市格局，唯一不同的是将内城划为八旗子弟居住，而将汉人迁居到外城。

1840 年，英国为向中国贩卖鸦片而发动对华战争，中国战败，从此清朝一步步走向崩溃边缘。

近代的北京城饱受屈辱。

1860 年，第二次鸦片战争中，英法联军闯入北京城，将“三山五园”中的圆明园、畅春园、万寿山清漪园、玉泉山静明园、香山静宜园一把火烧了。

1900 年，庚子国难时，八国联军又一次对北京进行了洗劫，号称“万园之园”的圆明园在历经多次破坏后，仅余断壁残垣。

1912 年，末代皇帝溥仪逊位，中华民国建立，以袁世凯为首的北洋政府在清帝退位后控制了北京。

袁世凯死后，直、皖、奉三系军阀明争暗斗，在北京的政治舞台上你方唱罢我登场。从 1912 年至 1928 年，北京政府出了 14 位元首，约 50 届内阁，其中最短的一届只有半天。

直到 1928 年，南京国民政府率领的北伐军进驻北京，才结束奉系的统治，而关于建都问题的争议再度成为焦点。这一次，南京取胜，成为首都，北京再次改称“北平”。

此后二十余年，北京城中那条古老的中轴线，承载着一个城市破碎的残梦，静默无言地见证时代的沧桑巨变。

■ 天安门 / 供图　视觉中国

1937 年 7 月 7 日，北平城外的卢沟桥一声枪响划破天空，日军以进城搜索失踪士兵为由，挑起战争事端，发兵攻城，北平苦苦支撑大半个月，终究沦陷。之后，华北失守。

卢沟桥事变后，中国人民开始了艰苦的八年全面抗战。

1945 年 10 月 10 日，正是在北京中轴线故宫的太和殿广场上，数万名北京市民亲眼见证了侵华日军华北方面军代表沿着台阶而上，向中国代表鞠躬献刀，签字投降。

古都北京，无论是在过去，还是在未来，都会无数次地记录中国历史的关键瞬间。

1949 年 2 月 3 日，北京城中，那条世界上独一无二的城市中轴线上，中国人民解放军沿着道路举行规模盛大的入城仪式，沿街挤满了男女老少。

当时，平津前线司令部特别要求，解放军要由永定门、西直门进入，要经过东交民巷。

近代史上，位于城市中轴线东面的东交民巷，曾被划为使馆区，外国使团曾张贴布告，嚣张地表示：“往来居民，切勿过境，如有不遵，枪毙尔命。”这就是中国军队入城后一定要经过东交民巷的原因，历经多年战火洗礼，从这一天起，北京的屈辱一页成为历史。

同年 10 月 1 日，中轴线上的标志性建筑天安门吸引了全世界的目光，这里是中华人民共和国开国大典的举办地。此前，通过第一届中国人民政治协商会议的决议，北平更名为北京，成为新中国的首都。

文化之城

自 3000 多年前建城，北京这座古都经历了悠长岁月的蛰伏，从一座边远城邑，一步步成为帝都。

在这里，可以看见中国政治的主轴，也可以探索中华文化的动脉。

1924 年的一天，已经退位多年的溥仪，被赶出了紫禁城。

根据《清室优待条件》，溥仪逊位后本应择日移居颐和园，但他却成了“钉子户”，在紫禁城一住就是 13 年。他离开的那一天，牌示上还写着“宣统十六年十月初九日”。

溥仪出宫后，紫禁城的一切公产收归国家所有，宫禁一律开放，以筹建国立图书馆、博物馆。皇家宫苑也大多向社会开放。“旧时王谢堂前燕，飞入寻常百姓家”，“凡昔日帝后游幸之所，今咸为市民宴乐之地”，这其中也包括颐和园、畅春园、圆明园、北海公园等皇家园林。

当紫禁城的大门再度开启时，这座古老的皇宫有了新的名字——故宫博物院。

紫禁城是老北京城市中轴线上的中心，始建于明永乐年间，至今有 600 多年的历史。作为帝国政治中心的紫禁城，在建成后的几百年里，多次遭遇灾祸，也多次浴火重生。

■ 北京颐和园景明楼，颐和园西堤春晓 / 供图　图虫创意

■ 北京颐和园昆明湖万寿山佛香阁 / 供图　图虫创意

到了清代，经过不断修缮改造，紫禁城形成了现有规模，留下了举世瞩目的文化遗产。

故宫博物院成立后，成了北京的热门景点，火爆程度一直延续至今。

抗战时，故宫的文博工作者不畏艰难险阻，将文物南迁至安全的地方。这些文物中包括王羲之的《快雪时晴帖》及毛公鼎、石鼓等顶级国宝。对此，当时的中国政府发表声明："国亡尚有复国之日，文化一亡，则永无补救。"

近年，故宫不断向"完整的紫禁城"迈进，开放面积已经扩展到 80% 以上。前任院长单霁翔退休前说过，要"把壮美的紫禁城完整地交给下一个 600 年"。

这座不朽的宫殿，作为中国最大的古代文化艺术博物馆，以

北京故宫博物院雪景 / 供图　图虫创意

及世界上规模最大的木结构建筑群，早已是中华文明的象征。

20 世纪第二个十年，中国文化浪潮的中心却不在故宫，而是在一所大学。

1917 年，北京大学校长蔡元培邀请《新青年》杂志的主编陈独秀北上，担任北京大学文科学长。

此后，由《新青年》掀起的新文化运动，以北京大学为阵地，吹响了青年救亡图存、解放思想的号角，各种思潮在北京大学校园内碰撞。随着新文化运动的兴起，北京大学成为这个时代的鲜明旗帜。

1919 年 5 月 4 日，以北京大学学生为代表的爱国青年走上街头，打出“誓死力争，还我青岛”的口号，各界群起响应，促使

■ 北京大学红楼 / 供图　图虫创意

■ 清华大学荷塘边的朱自清雕像 / 供图　图虫创意

北洋政府拒绝在屈辱的《巴黎和约》上签字。

继北京大学之后，清华大学也强势崛起。

抗日战争全面爆发后，清华大学、北京大学和天津的南开大学南迁云南昆明后组成西南联合大学。

抗战烽火中，西南联大结茅立舍、弦歌不辍，还有许多热血学子投笔从戎，积极投身抗战。这所临时高校，在敌机的轰鸣声中保留了文明复兴的火种。

抗战后，清华、北大、南开迁回京津，复员开学，发展至今，这三所大学仍是无数学子心中向往的最高学府。

2021 年,《泰晤士高等教育》公布世界大学排名，清华大学、北京大学并列第 16 位，同时并列亚洲地区高校排名第 1 位，这也是首次有两所中国大学同时进入世界大学排名前 20 名。

深藏文化底蕴的北京，是一座名校之都，共有 34 所双一流建设高校。

除了清华大学、北京大学外，还有中国人民大学、北京师范大学、北京航空航天大学等知名学府。这些名校走出了无数仁人志士、社会名流与商业巨子，深刻影响了中国。

北京有名校，也有不少名人。

从元大都时期开始形成的胡同，最多时有六千条，留下了北京的名人印记。

近代奇才辜鸿铭任教北大时，住在椿树胡同，常在私宅宴请外国友人，不点电灯，只用煤油灯。外国朋友嫌煤油灯太暗，辜鸿铭却笑道:“我们中国人心明，油灯自亮，不像西方人只看重表面功夫。”当时，西方人流传一句话：到中国可以不看三大殿，但不可不看辜鸿铭。

在八道湾胡同，有鲁迅于1919年用3500块大洋买下的四合院，大文豪也是当了多年的“京漂”，才在北京有个家；在珠巢街，“铁肩辣手，快笔如刀”的革命报人邵飘萍创办刊物，品评时事；在铁树斜街，可以寻觅京剧大师梅兰芳年少成长的祖宅；在石头胡同，藏着在庚子国难时保卫过北京的名妓赛金花的传奇。

北京的胡同包罗万象，最窄的钱市胡同，最狭处仅有半米左右，两个人走时需要侧身而过；最长的东、西交民巷颇具气势；弯最多的九道湾胡同，连当地人都觉得绕。胡同的两边，一般是

■ 北京胡同 / 供图 图虫创意

各式各样的四合院。

每一条寻常胡同，有老舍笔下小人物的影子，还有梁启超、李大钊、茅盾、齐白石、蔡元培等文化名人的故居。每一个转角处，都是不同的历史风情。

为保护古都风貌，北京城区先后划定了三批共33片历史文化保护区，如南锣鼓巷、东四头条至八条、西四北头条至八条等胡同。

来到老北京，一定要逛逛胡同。以前当地人管游手好闲的人叫“胡同串子”，现在，这个词仅仅是指在胡同里走街串巷。

从胡同里走出的，是自带口音的“爷文化”。

胡同人悠然自得地过日子，也保持着京城特有的面子，他们管做买卖的小贩叫“倒爷”，管能说会道的人叫“侃爷”，将拉车的人叫作“板儿爷”。

北京大爷大妈堪称敬业的“胡同侦缉队”，平时聚在一块儿，没有什么八卦躲得过他们的眼睛。每次北京举办大事，他们一如既往地打着牌、下着棋、跳着广场舞。

这里流传着无数都市传说，但近年来最有名的当属“四大神秘组织”——“朝阳群众”“西城大妈”“海淀网友”和“丰台劝导队”。

共和国首都

在北京，有句顺口溜：“五十年代三里河，六十年代和平里，七十年代是劲松，八十年代看方庄，九十年代亚运村。”

这是新中国成立以来，北京市民居住地的变迁。

20 世纪 50 年代，复兴门外三里河一带成为大院子弟的童年记忆；60 年代，中国工业发展迅猛，北二环外的和平里一带建起煤炭、石油、机械工业等部门的宿舍楼；70 年代，劲松地区首先出现了高层住宅；80 年代，南二环外的方庄，成为北京第一个整体规划的住宅区；90 年代，1990 年北京亚运会成功举办后，亚运村周边兴起了大量新住宅小区。

如今，从中轴线向外环形展开，北京形成环环相扣、分区规划的格局。

依据《北京城市总体规划（2004 年—2020 年）》中提出的“两轴—两带—多中心”的空间布局，北京 16 个区及北京经济技术开发区（亦庄）分为四大功能区。

东城区与西城区为首都功能核心区，朝阳区、海淀区、丰台区、石景山区为城市功能拓展区，顺义区、大兴区、通州区、昌平区、房山区与亦庄开发区为城市发展新区，门头沟区、平谷区、怀柔区、密云区与延庆区组成生态涵养发展区。

古老与现代交融的北京，容纳了 2000 多万人口，一年创造

4.03 万亿元 GDP（2021 年数据），早已迈进国际化大都市的行列。

如今，北京是时代之都，东部工业区经过“腾笼换鸟”，工厂向外迁出，土地寸土寸金，变成中央商务区，立起一片摩天大楼。

北京是科技之都，20 世纪 80 年代创立的中关村，聚集了国内外的高新技术产业。

北京也是金融之都，一幢幢国家金融机构的总部大厦分布于西城区的金融街，作为这座城市的隐形血脉，构成中国的“华尔街”。如今，北京证券交易所也已开市。

■ 北京 CBD 建筑群高视角夜景 / 供图　图虫创意

一个以北京为中心的全国铁路网纵横交错，京广、京沈、京包、京九等铁路在北京交会，国际机场连接天南地北。北京，现已成为中国乃至亚太地区重要的交通运输枢纽。

从北京出发，可以到达中国的任何一个地方。

北京市内，六条环路，十二条放射状公路和网格化、棋盘状的城市道路网，以及庞大的地铁交通线，连通了打工人的理想与现实。市区的办公楼灯火通明，年轻人在城市燃烧青春，只为早日在这个城市中拥有一扇属于自己的窗。

■ 右上图　灯火通明的北京 CBD/ 供图　图虫创意

■ 右下图　北京南站 / 供图　图虫创意

■ 下图　北京大兴国际机场 / 供图　图虫创意

北京南站
BEIJINGNAN RAILWAY STATION

与此同时，古老的城市中轴线还在向外延伸，向南到新建的北京大兴国际机场，向北是奥林匹克公园。

2008 年，北京奥运会开幕式上，由烟火组成的“大脚印”沿着近千年来形成的城市中轴线，从南到北，在空中左一脚，右一脚，象征着历史的步伐，以及这座城市曾经的辉煌、落寞、不屈与复兴，一直走到奥运会主场馆“鸟巢”上空。

后来，有些媒体将这一年称为“中国元年”。

这一切，始于北京。

■ 上图　鸟巢 / 供图　图虫创意

■ 下图　水立方 / 供图　图虫创意

■ 开封府府衙 / 供图　视觉中国
北宋京都衙署，被誉为天下首府，包拯、宗泽、范仲淹、苏轼、司马光、欧阳修、蔡襄、寇准等人都曾担任过开封府尹。

开封

曾经的世界第一

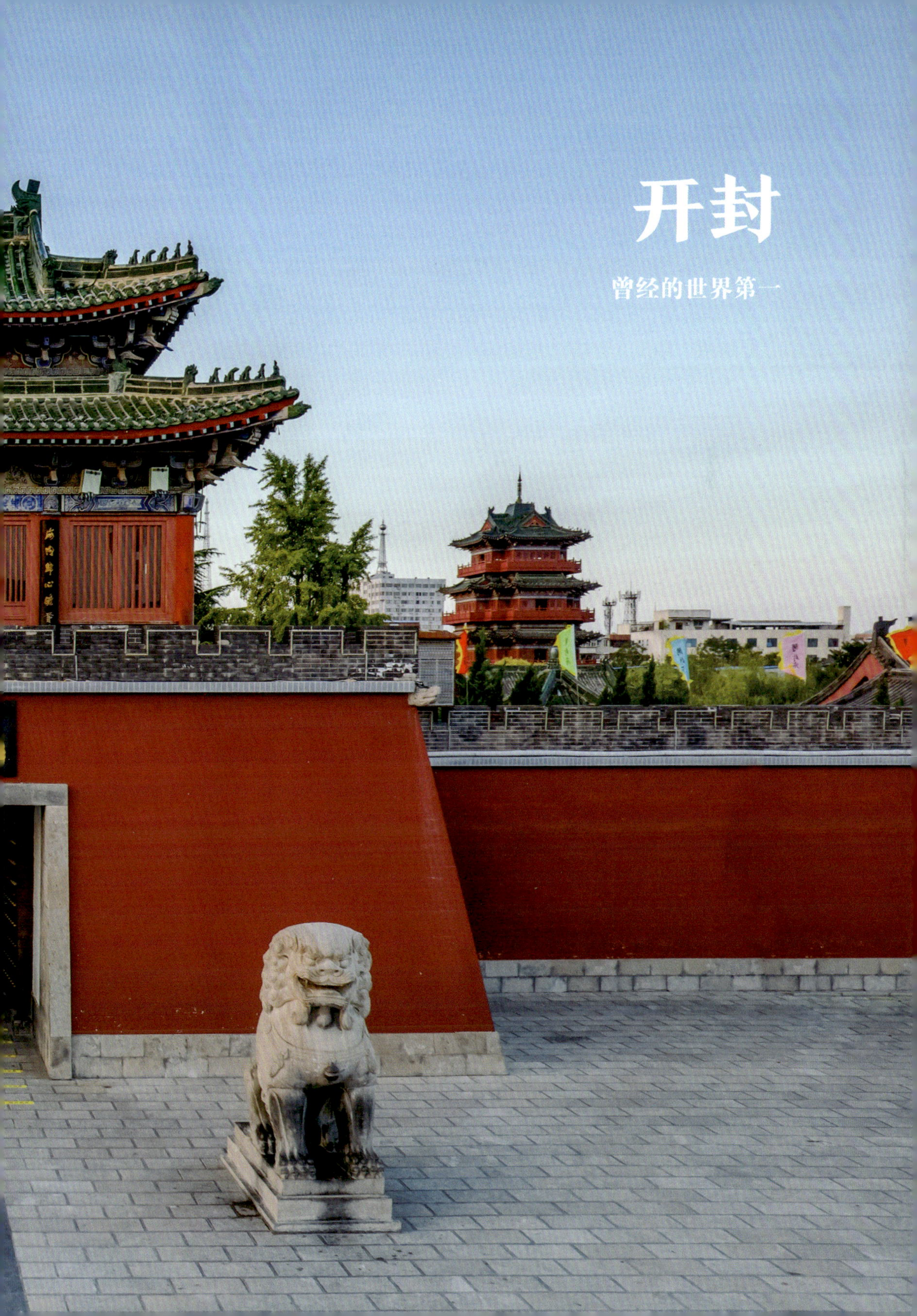

北宋开宝九年（976 年），宋太祖赵匡胤再次巡幸洛阳，并提出将国都从开封迁到洛阳的计划。

自公元 960 年陈桥兵变，夺取后周政权、建立北宋以来，16 年间，作为军将出身的赵匡胤明白，开封作为四战之地，除了北临黄河外，其他三面完全没有地形险要可守。从国防角度来说，开封是座不折不扣的危城。

历史的教训并不久远，就在北宋建国前 13 年，公元 947 年，契丹军队就攻陷了开封，灭了后晋。

于是，为了拱卫开封，北宋不得不长期在开封内外屯兵数

■ 包公湖 / 供图　图虫创意

包公湖是开封古城西南角的一个内湖。其东湖北岸是开封府府衙，西岸是包公祠。相传该湖水面光洁如镜，可以照出坏人做过的恶事，并且坏人会受到包公的惩罚，因此人们称其为包公湖。

十万人。长期“冗兵”导致的财政困境，与开封无险可守的隐患，使赵匡胤忧心忡忡。

在赵匡胤看来，在几个适合定都的城市里，长安尽管有天险巩固，但多年来因河道荒废，漕运艰难，再加上生态环境日益恶化，早已失去了立都的优势。

相比之下，北临黄河、漕运便利，南有嵩岳，东有虎牢、成皋，西控函谷，“河山共戴，形势甲于天下”的洛阳，成了赵匡胤心中国都的不二之选。

为此，赵匡胤多次巡幸洛阳，一直在为迁都做积极准备。

然而，在开封早已经营多年、根基深厚的晋王赵光义，非常担心会被迫离开自己的大本营。为此他联合多位大臣，力阻赵匡胤。赵光义的反对理由是:“安天下者，在德不在险！”他还说，开封相比洛阳更加靠近漕运要道，方便接受江淮地区的财赋。

赵光义有自己的小九九，其他的北宋大臣也大多不愿离开早已在开封经营多年的安乐窝。这使得赵匡胤不由得仰天长叹:“患不在今日，自此去不出百年，天下民力殚矣。”

深怀远见的赵匡胤没能坚持己见，弟弟赵光义也不会再给他机会。就在赵匡胤仰天长叹的这一年，开宝九年（976 年）十月，赵匡胤在跟赵光义一起喝了一顿酒后，神秘暴毙。

赵光义则在“斧声烛影”中登基上位，是为宋太宗。

北宋永远失去了迁都的机会。

151 年后（1127 年），随着女真人南下攻陷开封，北宋将为此付出亡国的代价。

可以说，北宋的恬淡盛世中，隐藏着亡国的危机。

辉煌二百年

赵光义选择以开封为都，是因为开封既身处中原腹地，又毗邻黄河和各条运河要道，方便漕运。

据考古发现，早在五六千年前，开封市内就已经有人类活动。传说，夏朝曾经在今天的开封市境内建都 200 多年，当时开封史称老丘，这也是开封有记载的第一次建都。

春秋时期，郑庄公（前 757 年—前 701 年）在今天的开封朱仙镇一带建筑储粮用的仓城，因取“启拓封疆”之意，将此处定名为启封。西汉景帝时（前 157 年—前 141 年），为了避汉景帝刘启的名讳，启封被改为“开封”，这也是开封这一名字的最早由来。

由于夏代没有文字信史，因此学术界公认开封最早的建都时间是战国时期魏惠王六年（前 364 年），这一年魏惠王将国都由安邑（今山西夏县）迁至仪邑（今开封）。

此后，又有五代十国时期的后梁、后晋、后汉、后周以及北宋、金朝先后在开封立都。因此，如果算上传说中夏朝的老丘城，开封是“八朝古都”；不计老丘城的话，开封至少也是“七朝古都”。

战国末期，秦王政二十二年（前 225 年），当时的秦国大将

■ 开封朱仙镇启封故园 / 供图　图虫创意

王贲率领十万秦军，围攻魏国都城大梁（今开封）。为迫使魏国投降，秦军扒开了黄河大堤，水淹大梁，最终灭了魏国。

秦军水淹大梁后，开封衰落了近千年之久。这座城市的重新崛起，要等到800多年后隋炀帝的到来。

隋朝大业六年（610年），隋炀帝征调百万民工，最终成功打通大运河。由于身处大运河连接黄河与淮河的通济渠（汴渠）河段，当时称为汴州的开封由此成为沟通南北的交通重地。

唐朝安史之乱（755 年—763 年）后，中国的经济中心逐渐南迁，转向长江、淮河一带。当时，来自江淮地区的财赋，普遍需要依赖从隋朝开始凿通的大运河进行运输。从杭州北上西行，可抵达洛阳、长安；从北京南下东向，则可抵达连接江淮要地的汴州。

到了晚唐时期，开封已经成为“**当天下之要，总舟车之繁，控河朔之咽喉，通淮湖之运漕**”的中心城市。

与之相对，经历唐朝末期的黄巢之乱和军阀混战后，当时长安和洛阳都遭受了严重破坏，加上西行漕运艰难，使物资运输困难的长安和洛阳日渐衰败。

到了唐朝天祐四年（907 年），黄巢的原部下朱温逼迫唐哀帝李柷退位，灭了唐朝。随后朱温建立后梁，并升汴州为开封府，定都于此。

此后，五代十国后续的几个王朝，除了后唐短暂地定都洛阳外，后晋、后汉、后周都以开封为都城，后面的北宋、金朝也是以开封为都城，由此开启了开封长达 200 多年的黄金时期。

天灾与人祸

开封作为国都，正如赵匡胤所担忧的，从一开始就潜藏着巨大的安全隐患。

尽管开封沟通南北、漕运便利，但这仅仅是从经济层面而言。从国防的角度来说，开封地处平原，无险可守，是典型的四战之地。

■ 开封所处的豫东平原 / 供图 视觉中国

赵匡胤在“斧声烛影”中诡异暴毙，使得迁都计划成为泡影。此后，从公元 976 年赵匡胤去世，到公元 1127 年金兵攻破开封、北宋灭亡，151 年间，开封的国都地位都岿然不动，再也无人提议迁都。

在北宋历代帝王的苦心经营下，从中唐以来日益崛起的开封，至此进入了鼎盛时期。其巅峰时期，仅开封府内就聚集了超过百万人口，可以说，开封城是 11 世纪和 12 世纪初全球的第一都会。

北宋著名画家张择端（约 1085 年—1145 年）用他的神作《清明上河图》将北宋开封城的繁华景象细致入微地呈现了出来。

《清明上河图》描绘了东京（开封）市民的日常生活，以及市内汴河两边店铺林立、百姓熙来攘往、漕运通航的热闹场面。这幅气势恢宏的巨著全长 528.7 厘米、宽 24.8 厘米，画中有 587 个不同身份的人物，生动再现了东京繁华的盛世景象。

北宋在公元 1127 年靖康之变灭亡后，从开封城漂泊南下的孟元老后来写了一本书——《东京梦华录》，来追忆东京城当年的繁华景象，并形容当时的开封“雕车竞驻于天街，宝马争驰于御路，金翠耀目，罗琦飘香……八荒争凑，万国咸通，集四海之珍奇……伎巧则惊人耳目，侈奢则长人精神”。

据记载，北宋开封城取消了宋代以前城市商业区与居民区分隔的限制，因此开封街头处处商铺林立，呈现出《清明上河图》中所示的万业繁荣景象；另外，又取消了历代对城市夜间实行宵禁的禁令，放开商铺的营业时间限制，使开封城的商业经营可以从早到晚，几乎全年无休，堪称 11—12 世纪的“东方不夜城”。

■ 龙亭公园 / 供图　视觉中国

龙亭公园是后梁、后晋、后汉、后周、北宋以及金朝后期的皇宫遗址。其中龙亭大殿前的主干道东侧为潘家湖，西侧为杨家湖。

■ 龙亭大殿 / 供图　视觉中国

龙亭大殿是宋代皇宫御苑的一部分，坐北朝南，需登上 72 级台阶才能到达大殿。站在雄踞于高大殿基之上的龙亭大殿上，开封古都的风貌可尽收眼底。

然而开封在盛世繁华之下，始终藏着一些隐患，这其中就有来自黄河的隐患。

黄河作为华夏文明的母亲河，也是开封赖以兴盛的黄金水道。由于黄河中上游地区的长期过度开发，加上沿岸大片森林被砍伐，黄河流域的水土流失已经越来越严重。上游的水土流失逐渐淤积到中下游平原，使开封周围的黄河河床日益增高。在北宋时，开

封附近就已经开始形成地上河和悬河——黄河河床比沿岸的村庄还高出数米之多。

从北宋中期的公元 1048 年开始，黄河中下游在几十年内频繁决口，每隔两三年就有一次大决口，每三四十年就发生一次大改道，这使得开封周边的生态环境日益恶劣。

但最终给予开封致命一击的，不是天灾，而是人祸。

■ 黄河开封段 / 供图　图虫创意

北宋靖康二年（1127年），南下的女真人攻破东京，使正处于巅峰的北宋盛世戛然而止。北宋灭亡，但后继的南宋仍然持续抵抗。为了阻挡金兵铁骑，公元1128年，南宋军队在今河南滑县西南扒开黄河大堤，“以水当兵”，由此导致黄河流入泗水，再经泗水夺淮入海。

公元1128年的这次人祸，并没有挡住金兵南下，却造成了黄河下游的第四次大改道。

宋朝军队扒开黄河大堤后，黄河形成了新旧两条河道，并在黄河与淮河之间到处摆荡。由于这个位置刚好处于南宋与金国的对峙前线，因此宋金双方都无意堵塞决口，以致黄河在整个南宋

■ 东京保卫战 / 供图　图虫创意

开封清明上河园内的实景演出节目，再现了北宋末年，面对金军入侵，宋朝名将宗泽带领军民保家卫国的故事。

期间，一直在北方呈现到处泛滥、摆荡的局面。

而历史赋予黄河流域和开封的苦难并未终结。

公元 1214 年，迫于北方蒙古人的压力，原来立都燕京（今北京）的金人（女真族）不得不迁都汴京。此后，汴京做了近 20 年金国的国都，一直到公元 1232 年被蒙古人攻破，金哀宗随后又逃到距离开封仅 100 多公里远的归德（今河南商丘）。当时，金兵试图扒开黄河水淹蒙古军队，结果派出去扒堤的部队全军覆没。

随后，蒙古军队一不做二不休，直接来了个将计就计，想水淹归德。蒙古人扒开黄河大堤，没想到归德城地势高，黄河水竟然绕城而去。但泛滥的黄河水，却给开封周边造成了巨大危害。

蒙古人扒开黄河两年后，公元 1234 年，趁着金朝危亡，当时南宋军队北上与蒙古人争夺中原。为了阻挡宋朝军队，蒙古人再次扒开黄河，这一次地点选择在了距离开封城北仅 10 多公里的寸金淀，这也造成了黄河历史上的第五次大改道。

在北宋以前，黄河距离开封有 100 公里之远，但是从北宋开始，黄河频繁决堤，加上整个南宋时期宋人与蒙古人的三次轮流扒堤，这种天灾与人祸的叠加，导致的直接结果，就是黄河河道逐渐向南迁徙，日益逼近开封城。 公元 1234 年蒙古人再次扒开黄河大堤后，黄河距离开封的直线距离仅剩 10 多公里远。

此后，作为地上河的黄河的“悬河之祸”，给开封城造成了愈加深重的苦难。如果河道离得远，洪水泛滥时尚可规避和减轻受灾面，但河道离得如此之近，一旦洪水泛滥或决堤，开封城根本没有反应和逃亡的时间，生态影响也近在咫尺。

随着黄河水土流失的日益严重，加上黄河大改道，此后，黄河在开封城周边的决溢越来越频繁。

据统计，进入元、明、清三朝后，仅仅 641 年间（1271 年—1912 年），黄河在开封境内的决溢就达到了 300 多次，其中共有几十次洪水袭城、7 次水淹开封城的记载。

可以说，整个南宋时期，宋人与蒙古人的轮流扒堤，给开封造成了影响千年的人祸之害。

运河的淤塞

长期的战争动荡与黄河决堤，使开封赖以兴盛的黄金水道日渐荒废。

尽管号称八朝古都，但开封作为真正的中国大一统王朝的国都，只有北宋一朝，共 167 年的历史。

随着北宋灭亡和宋室南迁，大宋帝国的国都也从开封南迁到了杭州。

天生的地形弱点加上失去国都地位，这种自然与政治的双重失势，是开封陨落的根本原因。

开封的陨落，同时也是中国定都史的转折点。

中国的定都史，从约公元前 2000 年的夏朝，到公元 1000 年左右的北宋，3000 年间的定都范围，基本都沿着渭河及黄河中游的东西走向而定，迁移轨迹也大多是沿着西安—洛阳—开封一线，呈东西走向波动迁移。

但公元 1279 年南宋灭亡后，中国的政治中心从南方的杭州，转移到了元朝位处北方的国都大都（今北京）。

此后，从南宋算起，到元、明、清共四个朝代，中国的定都走向从沿着黄河的东西走向，改成了沿着京杭大运河的南北走向，其迁移轨迹表现为杭州（南宋）—北京（元代）—南京（明朝初期）—北京（明朝中后期、清代）。

失去国都的地位后，开封的政治地位一落千丈，导致的直接后果就是大运河水道的荒废。

在北宋时期，为了方便接受来自江淮地区的财赋，北宋在依赖黄河之外，除了继续扩大疏浚原来汴河、五丈河两条河道外，又相继开凿了金水河和惠民河两条运河，通过汴河、五丈河、金水河、惠民河等“四大潜渠”，加上黄河通联全国各地，开封也因此成为“四方所凑，天下之枢，可以临制四海”的帝都所在。

当时，为了保证各条运河的通畅，北宋政府每隔三五年就要对各条河道进行疏浚，因此尽管各条运河都存在自然的泥沙淤积问题，“虽数湮废，（但仍）通流不绝”。

从北宋后期开始，由于政治腐败、管理废弛，从江淮地区通联开封的运河已经开始逐渐淤塞荒废，此前全年通畅的运河，甚至出现了只能通航半年的情况：“汴渠昔之漕运，冬夏无限，今则春开冬闭，岁中漕运止得半截。”

公元 1127 年，北宋灭亡后，随着此后战乱动荡和南宋迁都杭州，常年缺乏疏浚的大运河河道更是逐年淤积，南宋建立后仅仅 40 多年，当时作为大运河重要通道的汴河河道已经淤积成了麦田和村落。而从金代开始，由于黄河多次泛滥或被人为决堤，泥沙堆积，金水河也逐渐淤没。“四大潜渠”的另外两大通道——五丈河、惠民河也因缺乏疏浚，最终淤积湮废。

至此，此前作为开封经济生命线的“四大潜渠”已基本淤塞荒废，这使以运河为血脉的开封不可避免地走向了衰落。

转向与冲击

开封作为古都走向衰落，它的历史背景是京杭大运河的崛起。

在隋唐以前，中国的政治中心和经济中心都集中在黄河流域，因此沿着黄河流域东西走向的长安、洛阳、开封就成为国都的当然之选。

但是隋唐以后，随着经济重心的南迁，江淮地区的经济不断崛起，中国的政治中心和经济中心开始不断分离。在此情况下，隋炀帝首先凿通了大运河，并通过大运河吸收江淮地区的财赋，以此维系国家的运转。

到了唐朝时，运河已经成为大唐帝国绝对不可缺乏的生命线。

而隋唐时期的大运河，也被称为隋唐大运河。

唐朝贞元二年（786 年），由于从江淮地区向长安运输粮食的漕运道路被藩镇阻断，整个长安城都陷入缺粮困境，以致禁军发生骚动。就在危急时刻，刚好有 3 万斛米运到了长安周边，唐德宗听说后，流着眼泪跟太子说："米已至陕，吾父子得生矣。"

由于黄河三门峡段水流湍急、不利水运，加上自然环境恶化等各种因素影响，长安最终在唐代以后逐渐衰落，取而代之的则是开封的崛起。而开封的衰落，也与长安类似。

由于长期的战争动荡导致隋唐大运河水道荒废，使得开封无法接收来自江淮地区的反哺，加上北宋灭亡后国都的搬迁，开封的陨落已是必然。

元朝建都大都后，为了吸收江淮地区的财赋供养帝国运转，开始全力开凿京杭大运河，至元三十年（1293 年），京杭大运河全线通航。

仔细观察可以发现，与隋唐大运河的走向有所不同的是，京杭大运河不再向西连接开封，而是南起余杭（今杭州），北至涿郡（今北京），全长约 1747 公里。京杭大运河的通航之日，也是长安、洛阳和开封等黄河中上游城市的彻底衰落之时。

从线路来看，京杭大运河途经今浙江、江苏、山东、河北四省及天津、北京两市，贯通海河、黄河、淮河、长江、钱塘江五大水系。由于京杭大运河不再连接河南开封等地，这就使开封失去了江淮地区的滋养。

另外，京杭大运河的通航，捧火了运河沿线的山东济宁、天津等新城市，对于开封来说，北宋时期的辉煌往事，已经一去不复返了。

■ 暮色中的清明上河园 / 供图　图虫创意

明末变故

到了明朝时，贾鲁河得以疏浚凿通，加上定都南京的朱元璋一度将汴梁改为北京，开封的政治和经济地位又有所提升。

于是进入明代后，一度衰落的开封重新崛起，成为中原地区最繁华的城市，“势若两京”，“大梁为中原上腴，北咽神京，南控八省，商车市舶，鳞次而至大梁门外，联轴接捆，旅邸栉比，居然一都会”。

■ 清明上河园夜晚花灯 / 供图　视觉中国

■ 大宋御河七盛角夜景 / 供图　视觉中国

晚霞中的龙亭公园 / 供图　视觉中国

但是，开封早已不是当初北宋时期傲视全球的第一都市了。明朝时，与江淮地区蓬勃发展的扬州、苏州、杭州等城市相比，开封已经无法称得上是国内的一线城市了，顶多只能算是中原地区的大城市。

进入明朝末年，在北宋时人口就已超过百万的开封，才勉强恢复至三十多万人口。

就在开封似乎要恢复往日面貌的时候，李自成给了这座城市致命一击。

明朝末年，从公元 1641 年至公元 1642 年，李自成三次率兵进攻开封。第二次进攻开封时，李自成被开封的守城士兵射瞎了左眼，这使他恼羞成怒。于是第三次围攻开封，前后持续时间长达五个月之久，李自成还将开封城周边的麦子全部抢割，致使开封城内“升粟万钱，米贵如珠”，开封城内百姓甚至开始人吃人。

在被围城整整五个月之后，守卫开封的河南巡抚高名衡、推官黄澍和巡按御史史严云在近乎绝望之下，无奈决定“决河灌城”以求自保。随后，明朝守军派兵挖开了黄河朱家寨口大堤，当时，明军凿开的缺口不大，但李自成却干脆以牙还牙，决定引水毁灭开封全城。

于是，公元 1642 年农历九月，李自成派出几万士兵，扒开了开封城附近的黄河马家口大堤，随后黄河水直冲开封城，整个城内积水达十多米深。当时，开封城内尚有 37 万守城军民，李自成扒河冲击开封后，全城百姓有 34 万人死亡，最终仅有 3 万人幸免于难。

经历过这场大变故的明朝人计六奇（1622 年—1687 年）后来回忆说：“自贼乱以来，杀人不可胜计，其最烈者，无如（张）献忠之屠武昌、（李）自成之淹汴梁也。夫图大事者，当以得人为本。张（献忠）李（自成）所为如此，不过黄巢、赤眉（军）之徒耳。天心人心胥失之矣。欲不速亡得乎？……其（李自成）与（张）献忠眉心脉秽不绝，俱天所以报其好杀也。其不死也几希矣！”

毁灭开封全城、丧尽民心的李自成，尽管灭了明朝，却最终在水淹开封三年后的公元 1645 年，于湖北九宫山被杀。

经历李自成的毁灭性放水淹城后，开封人口再次出现了大倒退，即使到了清朝盛世时期的乾隆十六年（1751 年），当时全国人口都出现了大爆炸，开封人口却从北宋时期的超百万人口、明末的 37 万人口，跌落至仅仅只有 12 万人口。

因此在清朝时期，开封已陨落成了河南乃至中原地区的一般城镇，再也不复当年的辉煌。

兴也黄河，败也黄河

在经历数百年的人祸和天灾后，开封周边的土地也开始大规模沙化和盐碱化，农业生产遭到严重破坏。

为了堵截洪水，开封民众从宋朝以来又不断大规模砍伐森林修筑防洪堤坝，开封周边的森林也因此遭受了毁灭性破坏。

到了清朝灭亡前一年的 1911 年，地理学家张相文游览开封时，就曾感慨地说："开封城外，平衍无山。……自屡经河患，而古代川流皆填塞无余，白气茫茫，退望之无异沙漠。而森林亦复鲜少，防风防沙之用缺焉。长此不变，数十年后将不知成何景象矣。"

而作为开封复兴的最后一道希望，位处开封城外二十多公里的朱仙镇和周家口也最终陨落。

早在明朝时，由于水患导致河道堰塞等原因，开封已经丧失了外港功能。在此情况下，位处贾鲁河两端、可以连接颍河进入江淮地区的朱仙镇、周家口两个城镇开始崛起。

到了清朝中期，朱仙镇人口跃升至 30 万。当时，朱仙镇与湖北汉口、江西景德镇、广东佛山一起号称全国四大名镇，"贸易最盛""商贾云集"。

但黄河再次给开封带来了毁灭性灾难。

■ 开封市朱仙镇岳飞庙 / 供图　图虫创意

清道光二十一年（1841 年），黄河再次泛滥决堤，水淹开封达八个月之久。

两年后，道光二十三年（1843 年），黄河又决堤冲毁了朱仙镇，致使贾鲁河“河身淤成平陆，河身以上又淤高丈许，朱仙镇民房冲去大半”。

由于河道淤塞，已经无法通航的朱仙镇迅速败落，至此，开封与外港的联系完全中断。

于是，开封复兴的最后希望所在——朱仙镇，也从清朝“四大名镇”中迅速除名。到了光绪三十二年（1906年），朱仙镇的人口从清朝中期巅峰时的30万人，跌落至仅有1.5万人；到了1934年，更是仅剩8500多人。

朱仙镇被黄河冲毁后，周家口仍然通过颍河勉强维系着与江淮地区的联系，但随着鸦片战争之后晚清时期航海时代的到来，即使是一度风光数百年的京杭大运河沿线，也逐渐沉寂了下来。

曾经作为黄河流域红得发紫的开封衰落了，曾经作为京杭大运河沿线呼风唤雨的扬州等城市也衰落了。

一个属于内河文明的时代过去了，一个属于航海和铁路的时代冉冉升起。

1898年，从北京卢沟桥到湖北汉口的卢汉铁路（京汉铁路）正式开工修建，由于开封段地质松软号称“豆腐腰”，加上周边水灾频繁，因此卢汉铁路最终绕过开封，改经地质和水利条件都更为稳定的郑县一带。由此，小小的郑县凭借铁路优势一跃而起，成长为郑州。

1954年，河南省会又从开封迁到了郑州。

对于开封的陨落，早在1923年到开封游览的康有为就非常感慨，后来，他写了一副对联：

东京梦华销尽，徒叹城郭犹是，人民已非。
中天台观高寒，但见白日悠悠，黄河滚滚。

改革开放后，开封与拥有政治、铁路和工业优势的郑州，在经济差距上越拉越大。2021 年，开封当年 GDP 仅为 2557 亿元，在河南全省 18 个地市中排名 11 位，与榜首的郑州（当年 GDP 为 12691 亿元）经济规模相差一万多亿元。

回顾历史，开封近 900 年来的衰落，本质上是人祸、天灾及跟随时代转型失败的综合结果。作为曾经的历史古都和中世纪全球第一都会，开封有过辉煌，后来长期衰落。在中国古都漫长的演化史上，它跟黄河沿线的西安、洛阳一样，在唐宋以后陨落千年。但它与目前的西安（2021 年 GDP 为 10688 亿元）、洛阳（2021 年 GDP 为 5447 亿元，在河南 18 个地市中排名第 2 位）也仍然存在较大差距。

尽管 GDP 并不能说明一切，但开封的没落显而易见。与仍然繁盛荣华的北京、南京，乃至杭州、成都等古都相比，或许，开封也代表了另一种典型的人生，那就是：城市也像人一样，在经历绚烂之后，终将回归冲淡与恬和，在平凡朴素中度过往后余生。

因为平凡，才是大多数事物最终的归宿。

■ 杭州西湖十景之一——雷峰夕照 / 供图　图虫创意

杭州

中国最浪漫的城市

■ 杭州千岛湖上一叶扁舟 / 供图　图虫创意

■ 杭州湾跨海大桥 / 供图　图虫创意

公元 1127 年，北宋徽、钦二帝被金国掳去，北宋灭亡，康王赵构被拥立为帝，建立南宋。新皇帝找到了，都城选哪儿呢？

起初，南宋君臣觉得江宁（今南京）是七朝古都，是都城界的“老牌选手”，非常合适。然而再定睛一看，金兵攻势实在猛烈，其时已经攻破扬州，直逼江南。

大家继续往南看，最终，公认定都首选地是——杭州。

杭州，地处长江后方，安全！

浙西一带水网交错，地形复杂，安全！

杭州连接京杭大运河，有钱！

占城稻推广成功，丝绸业如火如荼，吃穿不愁！

公元 1138 年，南宋朝廷正式搬到临安（今杭州），开启了休闲的安居生活。

浙西水网之杭州太子湾 / 供图　图虫创意

邂逅

900 年前的这场巨变，颠覆了一个王朝的盛衰，恰似气势如虹的钱塘江大潮。

杭州，位于钱塘江入海口。那个面向东海的喇叭形缺口的顶点处，就是杭州城，而这个喇叭形的海湾叫杭州湾。

杭州“水居江海之会，陆介两浙之间”，兼得平原与山区之利，也兼得山水之利。一水西来，两岸山列屏障，湖泊周遭群山环绕。

杭州千岛湖 / 供图　图虫创意

錢王射潮

“乱峰围绕水平铺”的西湖和“奇山异水，天下独绝”的富春江，正因此得以造就。

杭州的山相较于杭州的水来说，倒显得格外寂寂无闻。没有听过天目山的人，极有可能早已耳闻西湖、千岛湖、富春江和钱塘江的鼎鼎大名。

■ 上图　富春江 / 供图　图虫创意

素有“小三峡”之称的富春江，两岸青山秀丽，江水清澈见底，更有特色村落点缀其中，人称“天下佳山水，古今推富春”。

■ 下图　杭州钱塘江南岸雕像——钱王射潮 / 供图　图虫创意

相传，钱塘江大潮浪头既高又猛，常常冲毁建造中的海堤，给当地百姓带来灾难。吴越王钱镠命一万弓弩手齐射潮头，潮水后退，海堤得以建成。百姓为了纪念钱王射潮的壮举，将海堤命名为“钱塘”。

杭州的山，似乎生来就是为了映衬杭州的一汪碧水与一脉清流。山水相依，空灵澄净，这就是杭州的自然气质。

杭州有湖泊，有江河，有运河，有湿地，氤氲的水汽终年笼罩着整个杭州。

■ 水墨杭州 / 供图　视觉中国

杭州，就像行走在雨巷中擦肩而过的一位结着丁香般愁怨的姑娘。一见，从此梦魂萦绕。

都道是“上有天堂，下有苏杭”。杭州之美集于西湖，西湖正如丁香姑娘的秋水双目；西湖之美，更因“西湖十景”声名远播。

西湖的春夏秋冬景致各异，晴雨雾雪各有韵致。有人打趣：晴西湖不如雨西湖，是以稍施泼墨，山色空蒙雨亦奇。

自古以来，杭州与西湖密不可分，城市发展几乎都围绕着西

西湖十景之三潭印月，清晨薄雾 / 供图　视觉中国

湖进行。到如今，杭州与西湖依旧恪守“天人合一”的理念，城市建筑和自然山水融为一体。

然而，迷倒宋高宗赵构的不是西湖，而是距离西湖不到 5 公里的西溪。

千年前的赵构一看到西溪，就深为杨柳依依、芦花点点的西溪景致倾倒，立即决定要在西溪建皇宫。只是当时能在湿地里建

■ 西湖十景之曲院风荷，樱花盛开 / 供图 视觉中国

皇宫的人还没有出生呢，而且皇宫建在湿地里，这是要大家坐船上朝吗？于是，被劝止的赵构只得恋恋不舍地说了一句“西溪且留下”。

西溪一直留着，不光为赵构，也为了杭州城。杭州城西的西溪，属于罕见的城中次生湿地，河港、池塘、湖潭、沼泽等水域

■ 西湖龙舟 / 供图　图虫创意

占总面积的 70%，六条河流纵横交汇，随时为杭州提供水源、改善气候，默默担当“杭州之肾”。

由于空气质量相比于城中的好太多，以至于城西成了人们趋之若鹜的养老首选地。

西湖杨公堤 / 供图　视觉中国

休闲之都

宋代林升有一首流传甚广的诗:“山外青山楼外楼，西湖歌舞几时休。暖风熏得游人醉，直把杭州作汴州。”

杭州作为“十大古都”之一，自秦汉时期创立钱唐（塘）县以来已经有 2000 多岁了，它做过吴越国和南宋的都城，却又深深隐藏了其古都气象。

南宋的遗韵，更多在于其留下的繁华靡丽的生活方式和趣味。这种生活方式和趣味留在每一个杭州人的骨子里，无论雅俗，无论贫富，构成了杭州无与伦比的休闲氛围。

微风和煦的日子里，漫步在西湖边，行行复停停，择一茶室，品一杯香茗，大概更能意会到杭州“东方休闲之都”美誉的由来。

杭州是一个茶楼林立的地方，但和成都人在茶馆里大摆龙门阵的架势不同，杭州人喝茶讲究的是品茗临佳境。杭州的湖边山间，曲径通幽处散落着不少茶室。

春日，杭州人在新茶满山的茶园喝茶；秋日，杭州人在十里飘香的桂花树下喝茶。喝茶消闲早已成为杭州人的日常内容，悠长的茶味也只有在那种风雅精致的休闲氛围里，方显得意味深长。

杭州作为“茶都”，大概要从南宋开始。陆游写过这样一句诗，“矮纸斜行闲作草，晴窗细乳戏分茶”，将千年前的杭州饮茶

■ 采摘，杭州龙井产地龙坞茶园 / 供图 图虫创意

风俗再现于世人眼前。唐代陆羽还一度隐居在余杭径山，汲水烹茗，撰写《茶经》。后来到径山求学的日本高僧将径山茶带回了日本，促进了日本茶道的兴起。

西湖龙井则将茶文化推到了顶峰，2011 年，“西湖水、龙井茶”被一起载入世界非物质文化遗产名录。

耐人寻味的是，杭州出产的都是绿茶，正如杭州丁香姑娘般的气质一般。苏轼曾云“欲把西湖比西子”，又说“从来佳茗似佳

人”，西湖如美人，佳茗亦如美人，西湖龙井更是有“绿茶皇后”的美誉。

对于杭州人来说，品茗、赏花通常是不可分割的一桩人间美事。每年四五月份是杭州百花盛开的季节，“百花生日是良辰，未到花朝一半春”，花朝节应时而生。杭州的花朝节通常都在西溪湿地启幕，持续整月有余，期间整个会场鲜花开遍，花映绿堤。

花丛中穿梭着古装打扮的少女，她们种花、赏花、游园，再现花神降世。更有造型奇异、炫彩夺目的花车游行，杭州市民热情互动，足以彰显杭州人对赏花的偏好。

■ 春赏桃花夏观荷，秋品桂花冬折梅 / 供图　图虫创意

杭州有一个故事，说吴越国王钱镠的王妃每年春季必回家乡杭州，有一次归宁多日未归，他甚是想念，去信道：“陌上花开，可缓缓归矣。”

这种“缓缓归”的精神，至今仍留在杭州人的血液中。九溪十八涧的一个亭子里有一副对联：“小住为佳，且吃了赵州茶去；曰归可缓，试同歌陌上花来。”说的正是这个典故。

除了春季花朝节的花，杭州夏秋冬三季尚有荷花、桂花和梅花最值妙赏。夏日西湖上的“接天莲叶无穷碧，映日荷花别样红”，冬日孤山上“梅妻鹤子”林和靖（林逋）所珍视的蜡梅，都为人心醉。

人间烟火气

大诗人白居易曾日夜念叨着杭州的神仙日子。他人在洛阳，心在杭州："江南忆，最忆是杭州；山寺月中寻桂子，郡亭枕上看潮头。何日更重游！"

白居易 50 岁那年，几经贬谪，来到杭州任刺史。打算"且向钱塘湖上去，冷醉闲卧二三年"，不过，白居易玩归玩，也做出了斐然的政绩。在唐以前，西湖是一片在海潮中进退不定的海域，白居易最终让西湖在他手下成了形，更是对"西湖"这个名字进行了正式命名。

茶叶和丝绸并称杭州的两张名片，杭州又有"丝绸之府"的美誉。白居易非常喜欢本地的丝绸，在他写的诗中有一句"红袖织绫夸柿蒂，青旗沽酒趁梨花"，其中的"柿蒂"就是当时杭州盛行的柿蒂纹花绫。

至于"丝绸之府"的美誉，要归功于海上丝绸之路和陆上丝绸之路的畅通，杭州的各类纺织品远销海外各国，被赞叹为"东方艺术之花"。旅行家马可·波罗也曾到过杭州，他在《马可·波罗游记》中写道："杭州当地人总是浑身绫绢，遍体锦绣。"不难看出其中的羡慕之情。到杭州旅游的人们也直言："千里迢迢来杭州，半为西湖半为绸。"

■ 中国丝绸时装展品 / 供图　视觉中国

■ 浙江龙泉瓷器 / 供图　视觉中国

白居易在杭州才当了一任地方官，而苏轼做了两任。苏轼对杭州之爱更是有过之而无不及，他自称前世“本杭人”，赞叹“故乡无此好湖山”“老死欲葬杭与苏”，以诗人和地方官的双重身份参与了西湖的“创作”——筑苏堤，建三塔，留下西湖第一名诗《饮湖上初晴后雨》，以及名菜东坡肉。

除了东坡肉，西湖醋鱼也是杭州无人不知无人不晓的名菜，据说是“宋嫂”创造了西湖醋鱼，“叔嫂传珍”的佳话也广为流传。

据说，苏轼和他的好朋友佛印也很喜欢西湖醋鱼，甚至为此进行过几次言语交锋。某日，苏轼在书房正欲享用西湖醋鱼时，佛印来访，苏轼连忙把鱼放到书架上。佛印进来后发现了书架上的鱼，于是假意向苏轼请教：“大学士姓苏（蘇），这个字有几种写法呢？”

苏字的繁体字里含有鱼字，佛印故意颠倒字的结构，把鱼放到了草字头上面。

苏轼慌忙纠正：“错了错了，鱼怎么能在草上呢！”佛印哈哈大笑：“大人把鱼放于书上，我为何不能放在草上？”苏轼无奈，只好取下西湖醋鱼，与佛印分食。

有个出家人同佛印一样不避酒肉，却深得杭州人心，他就是济公。相传，济公在灵隐寺出家，他的故事家喻户晓，灵隐寺也一并声名远扬。

灵隐寺是杭州最大、最有名气的禅寺，始建于公元 326 年。当时，印度僧人慧理云游到杭州，见到这片山岭云雾缭绕，好似

“仙灵所隐”，就在这里建寺，取名灵隐。

灵隐寺前的石山名叫飞来峰，传说这座山峰不但是飞来的，飞来的时候还帮济公“抢”了人家的媳妇。飞来峰不但有自己的传奇故事，山上奇石奇洞也有很多逸事。苏轼也赞道：“溪山处处皆可庐，最爱灵隐飞来峰。”

除了灵隐寺，有书记载，老杭州有大大小小寺庙约 500 多座。过去老杭州人还有“烧八寺香”的习俗。每年的四月初八，大伙带好香纸，到昭庆寺、凤林寺、灵隐寺、净慈寺、海潮寺、定慧寺、大佛寺、清涟寺去烧香，这叫“烧外八寺香”。等到腊月初八，再去其他八寺“烧里八寺香”，这“里八寺”指的是：定香寺、华藏寺、祥符寺、白莲花寺、白衣寺、法轮寺、永福寺、天长寺。

■ 飞来峰上的小佛像 / 供图　视觉中国

爱情之都

自古钟灵毓秀的地方，不仅催生人杰，也催生种种婉转感人的爱情故事。杭州更是凭借其风月无边、柔情万丈而被网友评为“中国最适合度蜜月的城市”及“最适合情侣携手同游的城市”。

花柳繁华地的杭州有三座情人桥，它们与三个爱情传奇故事紧密相连。断桥是白娘子与许仙相遇的地方；梁祝曾在长桥“十八相送”；西泠桥边有苏小小的芳冢。

其实杭州作为爱情之都，与传说无关，但与风月有关，换言之，正是杭州的风花雪月孕育了这些传奇。

杭州西湖边有主题公交车，车上装饰张贴着许仙与白娘子的浪漫传奇，车从雷峰塔旁开过，见雷峰夕照，仿若隔世。《白蛇传》是一个人妖相爱的美丽传说，其中断桥借伞、盗仙草、水漫金山寺、永镇雷峰塔、祭塔等情节，在中国几乎家喻户晓，而断桥和雷峰塔也成了西湖边最经典的景点。

潇潇春雨中，驿外断桥边，打着伞的人儿你来我往，千百年来无数个相似又各异的风月故事正在轮番上演……

梁山伯与祝英台的故事据说发生在东晋，草桥结拜、同窗共读、十八相送、楼台会、化蝶等情节在中国也是妇孺皆知，而梁祝的“共读”处，据说就是杭州的万松书院。

万松书院在万松岭下，“万株松树青山上，十里沙堤明月中”。

民间关于“十八相送”有诸多版本：一说梁山伯送别祝英台，顺凤凰路下万松岭，一送就是十八里，直到城东的钱塘江边；一说梁山伯把祝英台送到了西湖边的长桥，二人难舍难分，在不长的桥上走了十八个来回。

杭州人打趣说：“断桥不断，孤山不孤，长桥不长。”这座不长的桥，因为梁祝的十八个来回，被杭州人称作了“长桥”。

白娘子和梁祝的故事都是悲情而凄美的，南朝齐的苏小小却洒脱无比。这个青楼出身的奇女子的所作所为，与中国正统思想

■ 西湖雷峰塔倒影 / 供图　图虫创意

产生了奇特对峙，历代文人对她的热情之高，罕有可与匹敌者，这一点从她墓上的十二副楹联中即可见一斑。

就连白居易也说他是苏小小的钦慕者：“若解多情寻小小，绿杨深处是苏家。”苏小小对西湖山水的热爱可与白居易、苏轼这样的风流太守相媲美。

相传，她短短十九载的一生中有个愿望，“生在西泠，死在西泠，葬在西泠，不负一生爱好山水”，最后都实现了。后来，她曾资助过的穷书生鲍仁功成名就，在西泠桥头为她筑墓，亲笔题书“钱塘苏小小之墓”的墓碑文，又在墓上筑起“慕才亭”。她成为千百年来中国文人的共同情人，也让杭州这个爱情之都不仅仅是悲情凄美这一个形象。

■ 杭州万松书院景区大门 / 供图　图虫创意

美丽华贵的天城

900 多年前，宋高宗赵构与他的臣子们选择在杭州建都，将其升为临安府，原本只是瞧上了杭州的闲适，只打算临时安顿，根本没考虑久居。

没想到无心插柳柳成荫，南宋帝王在凤凰山山麓一宅就是 150 多年。南宋定都给杭州带来了前所未有的发展机遇，杭州也深刻影响了中华文化和文明的进程。

■ 杭州萧山树屋 / 供图　图虫创意

存在150多年的南宋覆灭之际，马可·波罗来到临安，惊叹其为“世界上最美丽华贵的天城”。900多年后，作为浙江省会的杭州，不曾辜负这一名号。

时至今日，山水城相依，在杭州共绘诗画长卷。站在杭州灵隐寺后的北高峰俯瞰，远处的城市高楼林立，资本富裕，近处的佛国寺塔密布，文脉不绝。远远望去，雷峰塔和保俶塔矗立在西湖岸边，在这个繁华都会，历史与诗意一起融入了生活。

杭州甚至重新定义了人们的生活。据统计，杭州集聚了中国

■ 杭州CBD/供图 视觉中国

1/3 以上的电商平台，近年，数字经济对杭州 GDP 增长贡献率保持在 50% 以上。

同时，杭州古典华丽的外表，似乎也提醒着在杭州奋斗的人们，除了关注互联网、电商等新兴行业的蓬勃发展，也应该去邂逅古都最初的浪漫，拥抱生活原本的美好。

千古风流早已飘散于历史长河中，杭州却长居于世人梦中的桃花源，一见，从此梦魂萦绕。

霞光里的古都安阳 / 供图　图虫创意

安阳

中国的七朝古都，一片甲骨惊天下

追寻中国历史的源头，安阳是一个绕不过去的地方。

这座河南小城，是 500 万安阳人的故乡，也是华夏文明的起源地之一。

从洹河之畔到太行山下，从商都殷墟到漳邺遗迹，短短几个小时的路程，就穿越了 3300 年。

中国，从此而来。

■ 安阳林州太行天路 / 供图　视觉中国

■ 太行晒秋 / 供图　视觉中国

漳洹之畔

安阳，位于河南省最北部、晋冀豫三省交界处，地势自西向东呈阶梯状分布，西部为太行山区，中、东部为平原，北濒幽燕，南临中原。

■ 文峰塔 / 供图　图虫创意

天宁寺里的文峰塔，建于隋朝，造型独特，上大下小，如同伞状。其塔刹是藏式的喇嘛塔，塔身却是辽式塔身，而莲座又是一种风格，这种形制的佛塔十分罕见。

京广铁路、京港澳高速等交通要道纵穿南北，奠定了安阳四省通衢的地位。太行山下，有洹河、漳河、汤河、卫河等历史悠久的河流缓缓流过。

洹河，又名安阳河，是安阳的母亲河，也是海河流域漳卫南运河水系的第二大支流。海河水系发源于黄土高原，从高空俯瞰，如同一把巨型扇子，一条条支流就像一根根扇骨。一条条河流从山中奔涌而出，诞生了一座座名城，其中，就有安阳古城。

安阳古城的中轴大道上，耸立的文峰塔已历经千年沧桑。这座始建于五代后周的五层砖塔，为安阳百姓遮雨避雪，供过往行人登高瞭望。

■ 安阳老城东南角角楼（修复后）/ 供图　图虫创意

赵朴初先生曾经到此，为文峰塔挥毫作诗：“层伞高擎宰堵波，洹河塔影胜恒河。”

流经安阳的洹河，与佛教发源地印度的恒河，名字仅有一个偏旁之差，赵老先生却着重于一个“胜”字。此话恰如其分，这座孕育于3000多年前的古城，在世界文明史上也占有一席之地，被誉为**中华民族的文字之根、文化之根、人祖之根**。

漳河是安阳历史上的另一条重要水道，发源于太行山麓，两岸分属河南、河北。在豫冀两省交界的安丰乡丰乐镇，漳河横贯东西，化作安阳八景之一——漳河晚渡。

如今，漳河南北交通已被铁路桥、公路桥所替代，荡舟漳河的旧景却深深刻在城市的记忆中。紧临漳河的渔洋村，为中国村落数千年演变的标本，出土过仰韶文化的陶片、商周的鼎壶、明清的青花，绵延6000余年，从不间断。

在河水的浸润下，太行山东麓凭借优越的水土条件，形成了一条盛产古都的大走廊，商周以来，至少有110个古国在此建都。

此地不仅有人文景观的荟萃，还有自然景观的汇集。南太行山区的林州，高山贯穿全境，造就了景色雄奇的太行山峡谷。这一地区，本来叫“隆虑”，汉朝时为避汉殇帝刘隆名讳而改称为“林虑”。

巍峨的林虑山间，王相岩如诗如画，被誉为“太行之魂”；太极山原始森林郁郁葱葱，仪态万千；仙霞谷流水深潭，不饮也醉。有学者说，太行山把最美的一段给了河南。

■ 漳河 / 供图　图虫创意

漳河，本是黄河中下游最大的支流，后因黄河改道而多次变迁。现属于海河水系，流经安阳，是安阳重要的水源之一。

■ 洹河 / 供图　视觉中国

洹河，又称安阳河，是安阳的母亲河。从殷墟出土的甲骨文来看，洹河与安阳的历史几乎一样长久，至今已有 3000 多年的历史。

殷墟龙骨

“天命玄鸟，降而生商，宅殷土芒芒……殷受命咸宜，百禄是何。”

这首《商颂·玄鸟》是先秦时商人后裔祭祀殷商祖先的乐歌，从玄鸟降世、商汤立国的传说娓娓道来。

史书中将殷都称为殷墟——随着商朝衰亡，都城日渐荒废，也就成了墟。但在漫长的历史时期里，谁也不知道，古籍中说的殷墟在何方。

1899 年，清朝国子监祭酒王懿荣偶然发现，他用来煮中药的龙骨上刻着一些文字符号。所谓龙骨，就是年代久远的兽骨、龟甲。

王懿荣发现龙骨上刻有文字符号的消息，不久在北京古玩圈中传播开来，王懿荣等人开始四处收集刻有神秘符号的龙骨。

次年，王懿荣在庚子国难中不屈殉国，他的好友和同道继承其遗志，逐渐解开了龙骨之谜。刘鹗、罗振玉、王国维等金石学家经研究发现，这些符号是商朝人占卜时刻在甲骨上的卜辞，其中的内容包罗万象，涉及当时的人物、世系、天文、地理、农业等。

龙骨上的文字从此被称为甲骨文，作为汉字的起源，这些无声的刻痕，将中国的信史上推到了 3300 多年前。相较之下，两河流域古巴比伦的楔形文字早已在公元前 4 世纪消亡，尼罗河流域古埃及的象形文字也成了死文字，唯有安阳河畔的中华文脉传承至今，不曾断绝。

而甲骨文的来源指向了一个地方，即龙骨的发现地——安阳西北部小屯村一带。1928 年，当时的中央研究院历史语言研究所派出李济为首的考古小组来到安阳，对这一历史遗址进行举世瞩目的科学发掘。

考古学家经过多年发掘后证实，这就是《史记》中所说的“殷墟”，即商朝中后期的都城。直至今日，殷墟进行了近百年的考古发掘，它的龙骨、青铜器与玉器，解开了一个又一个历史谜团。

■ 甲骨文 / 供图　视觉中国

从商朝开创者商汤到第 20 位商王盘庚，商王朝曾多次迁都。由于统治集团内部矛盾激烈，社会动荡不安，盘庚为安抚民心，率众迁徙到了今安阳一带，发现这里气候宜人、地形优越，西有太行山为天然屏障，从南到北有洹河、漳河等河流贯穿，于是决定在此建都。

当时，这一带叫作“北蒙”，盘庚迁都后，将其改名为“殷”。直至商亡周兴，殷作为都城已历时 273 年。

盘庚的侄子武丁，为史书记载的一代英主。武丁在位时，政通人和，文化鼎盛。他不拘一格选用人才，起用工匠出身的傅说为重臣，率军征讨周边的土方、鬼方等部族，使商朝成为西起甘肃，东至海滨，北及大漠，南逾江汉的大国，史称“武丁中兴”。据统计，目前出土的 15 万片龙骨中，武丁时期的最多，占 70%左右。

殷墟考古中发现的妇好墓，印证了武丁时期的繁荣。妇好为武丁之妻，也是中国历史上有据可查的第一位女将军。她多次带

■ 嵌绿松石青铜戈（商王武丁时期）/ 供图　视觉中国

■ 后母戊鼎 / 供图　视觉中国

■ 后母辛青铜觥 / 供图　视觉中国

■ 玉鸽（商王武丁时期，1976 年河南安阳殷墟妇好墓出土）/ 供图　视觉中国

兵出征，甲骨文卜辞中有“登妇好三千，登旅万乎伐羌”的记载。

在商代墓葬中，妇好墓出土玉器最多、最集中。安阳并不产玉，经学者考证，其中的部分玉器，原料来自新疆和田、辽宁岫岩等地。也就是说，在3000多年前，已经有一条连通中原与西域的“玉石之路”，这条路是丝绸之路的前身。

安阳，就像一个无尽的宝藏，每一处古迹的发掘，都惊艳了世界。

1999年发掘的洹北商城，拂去沉睡3000多年的厚厚尘埃，它填补了从偃师商城与郑州商城代表的早商文化到殷墟代表的晚商文化之间的时间缺环。

位于安阳城南的羑里城，是中国有文字记载的第一座国家监狱。商代末年，帝辛（即纣王）将周人首领姬昌（即后来的周文

■ 安阳市汤阴县羑里城 / 供图　视觉中国

王）囚禁于此。相传，姬昌被囚之后推演八卦，以此推测自然与社会的变化，此即《周易》的由来。

李济先生如此评价安阳殷墟：**在这 273 年的时间里，这一地带不但是中国的政治中心，也可以说是喜马拉雅山以东，包括太平洋两岸这一广大地域的文化中心；而在好些方面，这一文化可能超过了同时期的以东地中海为中心的文化水准。**

安阳，作为中国最古老的都城之一，代表着 3000 多年前中华文明的初兴，如一轮喷薄东升的旭日，觉醒于漳洹之畔。

七朝古都

春秋时期，周王室衰微，齐桓公成为春秋五霸之首，将齐国势力扩展到太行山东麓。荒废已久的殷墟仍然在沉睡，齐桓公为加强与中原各诸侯的联盟，在今安阳城北 20 公里的三台村一带，修筑了一座新城。从此，这片殷商故地有了另一个名垂青史的名字——邺。

邺城的遗址，包括今河北省临漳县西、河南省安阳市北的部

■ 河北省临漳县邺城博物馆 / 供图　视觉中国

■ 河北省临漳县古邺城铜雀三台遗址 / 供图　视觉中国

分地区，自建城后历经春秋、战国、秦、汉、魏、晋，直到北周时才毁于战火。

在这1000年间，邺城先后成为曹魏、后赵、冉魏、前燕、东魏、北齐六个政权的都城，再加上洹河之畔的殷墟，安阳因此被称为七朝古都。

东汉末年，曹操统一北方，大规模重修邺城，使其成为中国城建史上的第一个砖城。而城池中轴线对称的布局，及宫城、官署、居民各功能分区明确的管理（里坊制），影响了此后1000多年的都城建设。

曹操一生南征北战，在安排自己的后事时却选择了薄葬。他说，自己要埋葬在瘠薄的土地上，陵上不堆土、不植树。他为自己准备了送终的四季衣物，并留下遗嘱，要按当时季节所穿衣物入殓，金银珠宝等物一概不要随葬。

相传，生性多疑的曹操设了七十二疑冢。后人开始探寻曹操墓的所在地，许昌城外、漳河水底、铜雀台下，众说纷纭。

直到2009年，河南省文物局宣布，安阳市安丰乡西高穴村发现的一座东汉大墓，为魏武帝曹操的高陵，一时引起社会各界广泛关注。

此前，一个村民耕作时发现这里有一处古墓，很快有人来此盗掘，被当地警方侦破。警方从盗墓贼手中缴获的文物中发现了“魏武王”等字样，而根据史书记载，此地距离曹魏王都邺城只有12公里。于是，国家文物局批准当地文物考古单位对这座古墓进行抢救性发掘，由此解开了一个千古之谜。

七朝古都岁月沧桑的痕迹，就此又添上了厚重的一笔。

走在安阳街头，每一个转角处，都有文明长歌敲下的音符；登临远望，那是中国几千年历史的浩茫。

东魏，高僧道凭在宝山之麓凿造石窟，历时 600 余年，形成灵泉寺石窟，为中国最大的高浮雕塔林群。

唐代，修定寺塔的砖雕刻画了盛世长安，这座舍利塔是中国现存 3000 多座佛塔中创建年代最早的一座。

五代，铁枪王彦章与后唐军在安阳激战，滑县的明月寺从此改名为铁枪寺。

■ 灵泉寺石窟 / 供图　图虫创意

■ 安阳市汤阴县岳飞庙 / 供图　图虫创意

宋代，岳飞诞生于安阳，其家乡汤阴县的岳王庙，到今天屹立了整整 800 年，“还我河山”——匾上的四个大字尽是英雄的血泪。

古代的黎民百姓相信，只要故乡有庙，英魂就有归处。文明的光焰一脉相承，这座城，就是华夏民族的岁月长廊。

袁林往事

在近现代，与安阳关系最为密切的是一位颇有争议的人物——袁世凯。

1906 年，袁世凯在彰德府（今安阳）进行了一次声势浩大的军事演习，向国内外各方势力展示他在天津小站编练的新军。参加演习的除了北洋新军，还有湖北、河南新军，操演战线长达 40 余公里。这场史称“彰德秋操”的军事演习，给袁世凯带来了极大的声望，而这些军队也将在此后为中国带来一场变革。

当时，袁世凯已经将安阳作为“第二故乡”。袁世凯本是河南项城人，1902 年，其母去世，他回老家奔丧。袁世凯的同父异母长兄袁世敦反对将其母葬入袁家祖坟，因为这件事，袁世凯和项城老家人闹翻了，他发誓此生永不再回老家。于是他到外地购地建房，最后选择了临近京汉铁路的彰德府，在安阳城洹北的洹上村修建了一所养寿园。

清末，罢官回籍的袁世凯与家人来到安阳洹上村隐居。他当时的一句诗“漳洹犹觉浅，何处问江村”，表明了他东山再起的决心。

1911 年，武昌起义爆发，消息传到安阳，作为北洋魁首的袁世凯抓住时机，复出后斡旋于南北之间，牵制南方革命军，迫使清帝退位，成为中华民国第一任大总统。

■ 安阳市袁林正门 / 供图　图虫创意

五年后，袁世凯的人生在复辟帝制的闹剧中走向终结。他的遗愿是让子孙“扶柩回籍，葬我洹上”。

这位极具争议、叱咤风云的枭雄，最终葬在了安阳。袁世凯墓，也称“袁林”，是一座中西合璧风格的大型墓葬，位于洹河北岸的太平庄，占地 139 亩（9 万多平方米）。

袁林中，有仿照明清帝陵的照壁、神道、牌楼、碑亭、石马、石虎、石狮与文臣武将像，也有墓台大铁门与钢筋混凝土浇筑的欧式风貌。这座在洹水之阳与殷墟隔岸相望的墓园，历经多次动荡，留存至今，一如其墓主袁世凯，种种功过，一言难尽。

红旗天渠

袁林的往事，成为安阳旧时代风云激荡的最后一页。到了 20 世纪 60 年代，一条蓝色飘带在巍巍太行开启了安阳新篇，那是林州人民艰苦开凿的人工大渠——红旗渠。

■ 林州红旗渠 / 供图　图虫创意

千百年来，林州常年缺水，深受旱灾之害，老百姓过着“半年糠菜半年粮”的苦日子，只能盼望天降及时雨，地下流甘泉。

1960 年到 1969 年，为了开凿一条人工天河，从太行山山腰引漳河水入林州盆地，当地人民先后有 30 万人参与其中，在困难时期凭着一锤一钎一双手，如千军万马，削平 1250 座山头，架设 152 座渡槽，开凿 211 个隧洞。据统计，若将修渠的土石垒筑成高 2 米、宽 3 米的墙，可纵贯中国南北，把广州与哈尔滨连接起来。

“引漳入林”工程共修筑干渠、分干渠 10 条，总长 304.1 公里，它还有一个让人热血澎湃的名字——“红旗渠”。竣工之后，漳河水从山间流下，这一人工河渠，解决了当时全县 60 万人口的用水问题，被一些媒体称为“世界第八大奇迹”。

过去，红旗渠并非安阳人民唯一的城市名片，安阳也不只有历史底蕴拿得出手。安阳还有着深厚的工业底子，经济一度欣欣向荣。

20 世纪 80 年代，安阳自行车厂的飞鹰、雉鸡、三枪牌自行车，与永久、凤凰等名牌自行车并驾齐驱。在电力尚未完全普及的年代，安阳火柴厂是亚洲第一的火柴生产企业。90 年代，生产彩电玻壳（用于显像管）的安彩高科在同类企业中堪称国内第一，但这几年逐渐没了存在感，大概只有炒股的人还会偶尔看到一只叫“安彩高科”的股票。

安阳与许多北方工业城市一样，错过了近二十年的经济转型，赶不上时代的变化，这才从省内第一梯队掉到了第二梯队，GDP

排名退到全省十名开外，在多次全国城市排名中位列四线城市。

然而，安阳人早已见惯了大风大浪，世间百态对这座古都而言，都只是匆匆而过的一页。或许，安阳要做的不是追赶，而是只要如一个沧桑老者“一蓑烟雨任平生”即可。

安阳城中，有九府十八巷七十二胡同，一如这座城市的气韵，源远流长，传承不息。

道口烧鸡、牛屯火烧、安阳蓼花、扁粉菜与粉浆饭，那是地

■ 安阳市仓巷街老街景 / 供图 图虫创意

道的中原风味。

殷墟、羑里城、岳飞庙及曹操高陵，3000 年古迹灿若星河，迎接前来瞻仰的八方来客。

安阳与周边大城市之间，也许只有短短几十年的发展差距，但谁都不会忘记，这座古都已经有了无可取代、无与伦比的 3300 年的历史。

■ 安阳文峰立交桥 / 供图　图虫创意

■ 安阳高铁站 / 供图　图虫创意

炎黄二帝雕塑与飞驰的高铁 / 供图　视觉中国

郑州

中国第八大古都，可不是火车拉来的

天地之中，黄河南岸，有一座千年古都。

相传，上古时期黄河泛滥，大禹在此治水。十三年间，三过家门而不入，耗尽心血，终成治水大业，还百姓平安。

中国象棋里的那条“楚河汉界”，其原型即出自发生于此城的楚汉之争。

这座城，在浩瀚的历史长河中，历来都是兵家必争之地。

这座城，就是郑州。

郑州，并不靠火车

今天的郑州是中国重要的铁路交通枢纽。陇海、京广“一横一纵”交会于此，人们在郑州乘火车，可以直达中国任一省会城市。

■ 郑州火车站 / 供图　图虫创意

郑州火车站，始建于清光绪三十年（1904 年），至今已运营一个多世纪，是陇海铁路、京广铁路干线的交会处，堪称中国铁路客运的“心脏”。

铁路的延伸，让这座本来不靠海的内河城市有了与世界无缝交流的机会。

每天，一列列载满电子配件、医疗器械、食品的火车从郑州出发，沿着陇海线往西，经新疆阿拉山口、哈萨克斯坦、俄罗斯，直达德国汉堡，为铁路沿线的人们，带去时尚新鲜的玩意儿。

■ 郑州北站列车编组场 / 供图　图虫创意

郑州北站，亚洲最大的铁路货运编组场。这里是贯通华北、华东、西北、西南的重要交通枢纽，办理货物列车最多可达一天 3 万多辆，有“路网心脏”之称。

■ 郑州黄河大桥日落 / 供图　视觉中国

■ 落日熔金，黄河郑州段 / 供图　视觉中国

可以说，**中国铁路的心脏就在郑州，郑州与铁路密不可分。但所谓“火车拉来的城市”这一说法，对于古老的郑州而言，其实并不准确。**

众所周知，黄河流域是中原华夏文明的起源地之一。而身处“天地之中”的郑州，更是黄河流域的核心之地。凭借优越的自然条件，先民们一早便在此风水宝地中繁衍生息、安居乐业。

据考古专家研究，郑州地区也是现代东亚人最早活动的区域之一，早在数十万年前便有人类的活动踪迹。那为何人们还会存在“郑州的历史晚于开封、洛阳等古城”的印象呢?

这大概也源自交通。毕竟在中国，“路通，则财通”。一座城市的发展，与时代所需的交通运输息息相关。在铁路出现之前，人们最便捷的出行方式是水运。

于是，历史的选择成就了全国最早的水运中心——洛阳，以及汴河之畔的开封。

但在历史上，水运地位不如洛阳、开封的郑州，并没有人们普遍印象中那么低调。这一点，可以从现在郑州的方位中大致辨认出来。

今天的郑州，西靠中岳嵩山，东临广袤无垠的黄淮平原。在全市下辖的 6 区 5 市 1 县中，自西向东分布着大大小小 20 多座山峦，丘陵、高山、平原、洼地，地形地貌相当丰富。

金水河、熊儿河、贾鲁河、伊洛河等横穿市区蜿蜒而过，分别注入淮河与黄河，又使郑州成为两大水系交汇的城市。

■ 少林功夫小僧 / 供图　图虫创意

■ 五岳之中岳嵩山 / 供图　图虫创意

■ 少林寺 / 供图　图虫创意

尽管每年雨季到来时，黄河水位上涨，从黄土高原裹挟至此的泥沙淤积，河床升高，会短暂形成举世罕见的“地上河”奇观。但不得不说，单从自然地理的角度上看，郑州不输开封、洛阳。

于是，凭借以山为屏、以水为带的优势，郑州开启了源远流长的辉煌文明。

八大古都，谁与争锋

2004 年 11 月，经过全国各地专家学者的多番讨论，最终决定将郑州列为“中国八大古都”之一。消息一出，舆论哗然。时至今日（2022 年），郑州被列入“八大古都”已 18 年，但网络上的质疑之声仍普遍存在。

郑州的历史真的不够长吗？根据史料记载，黄帝生于轩辕丘，都于有熊国。在北魏郦道元的《水经注》中，关于有熊国的记载如下：“或言新郑县，故有熊之墟，黄帝之所都也。”文中所指的新郑，即为今天郑州市下辖的新郑市。

■ 郑州黄帝千古情景区 / 供图　视觉中国

据考古专家事后考证，在今天具茨山一带，人们曾发现疑似黄帝的活动踪迹。相传为黄帝部落当年用于存粮的仓库、战蚩尤的点将台以及化干戈为玉帛的葬兵符处等历史文化遗址皆在郑州市内。

尽管黄帝都新郑，可将其视之为中原华夏文明的起源，但国都的来源必是以国家为前提。因此，郑州的古都起源，应在距今约 4000 年前的夏朝。

或许是因为中原文明起源这一身份的加持，夏朝初期的统治者才会如此认同今郑州一带，并将此地定为中国历史上第一个王朝的都城所在。“禹都阳城”成了当时郑州地区响彻华夏的一个标志。

从“禹都阳城”开始，郑州进入一个古都营建的时代。在很长一段时间里，黄河流域代表着华夏文明的最高水平。因此，继夏朝之后，为了提高商朝影响力，商王仲丁又将商朝统治核心由亳（今河南商丘）迁往隞。史载，“仲丁迁隞，邦国始宁”，而仲丁所迁隞都，其遗址据说就是今日郑州的商城遗址。

然而，这次迁都并非长久之计。据史书记载，“自仲丁以来，废适而更立诸弟子，弟子或争相代立，比九世乱，于是诸侯莫朝”。

■ 新郑市始祖山具茨山景区中华根脉景点 / 供图　图虫创意

乱世中，王朝的正统难以得到确认。因此，商王朝的迁都计划被迫再度启动。自仲丁以后，商代又经历了四次迁都，而每次迁都都意味着一场王族内斗。随着迁都与王族内斗的并行，曾经强大的商王朝历经近 600 年的传承，最终灭亡。

不过，这并不意味着郑州古都就此没落。经历商都时代的发展，隞的手工业、商业贸易等得到了较大的发展，俨然成为当时仅次于殷墟的东方重镇。

因此，在商亡于西周之后，周武王才会如此重视这一地区。

■ **郑州商都遗址博物院，郑州商代都城营建场景沙盘模型 / 供图　视觉中国**

在周武王的统治和推动下，他的弟弟管叔鲜获封于此，建立管国。按周武王的战略意图，管叔到此的任务应为监视殷商遗民，维持社会稳定。

然而，负责维稳的管叔最终却辜负了周武王的一番所托。在周公摄政后，管叔带头造反，随后管国也匆匆消失于历史长河中。

管国灭亡后，其境内领土一度收归国有。直到西周末年，管国境内的领土才以“郑”之名重新亮相。

彼时，周宣王之弟姬友（郑桓公）获封郑地。早期的郑国国都位于今天的陕西境内，距离西周王都镐京（今西安）非常近。西周晚期，周王室势力衰微，再加上周幽王昏庸无道，郑国国君逐渐萌生将国都东迁以避祸的想法。

为此，郑桓公特地请教了掌管西周王室历史的太史伯。得知郑桓公有迁都的念头，太史伯并没有多说什么，仅告诫郑桓公需谨记“和实生物，同则不继”的道理。承认矛盾的存在，并尽力化解矛盾才是诸侯国发展的关键。

于是，有所顿悟的郑国人从公元前 772 年开始，便陆续将宗庙、世族等向东转移，以缓解因土地等自然因素导致的社会矛盾。

在溱水、洧水交汇的地方，郑国国君看到了他梦寐以求的祥和之地。在众人的齐心协力下，一座新的都城被建立起来，这就是今天郑州市内的郑韩故城。

如果说，太史伯的“无心建议”为郑国乃至数千年后的郑州提供了战略性发展思想，那么，春秋时期，郑国大夫子产的改革条陈，则成功塑造了郑国人务实创新的性格，并将战略化身现实，造福这片土地。

公元前 543 年，子产接任郑国国卿之位。面对此时郑国内忧外患的局势，手握大权的他，在郑国推行了一系列改革。其中，影响最大的当数“铸刑书”。所谓“铸刑书”，就是将郑国法律条文通通刻于鼎上，向百姓公布，使郑国的律令能够在百姓的监督下执行，增加了一定的社会公平性，打破了过去“刑不可知，则威不可测”的惯例，郑国由此一度中兴。

然而子产的做法仅让郑国兴盛一时，在随后的历史洪流中，郑国又亡于战国时期的韩国。经过子产改革的郑国，富甲天下。因此，韩国在吞并了郑国后，不惜放弃沿用许久的国都，迁都新郑。

■ 新郑市郑韩故城——中华第一古都 / 供图　视觉中国

天地之中，富甲天下

秦灭六国后，实行郡县制，包括新郑在内的郑州地区由此进入了一个新篇章。彼时，郑州地区的发展核心已转至荥阳。地处四方交会处的荥阳，水陆交通十分便利，因此，秦国将天下第一大粮仓——敖仓设于此处，方便中原漕粮运往四方，供帝国军队远征使用。

■ 河南郑州荥阳虎牢关黄河 / 供图　视觉中国

毫不夸张地说，此时的荥阳，算得上是秦国头号军事重镇，堪称“得荥阳者得天下”。故当秦国的暴政殃及全国时，农民出身的陈胜、吴广也懂得先攻下荥阳才有饭吃的道理。尽管陈胜、吴广最终没能按原计划攻下荥阳，但推翻暴秦的起义，在他们之后一发不可收拾。

■ 象棋广场 / 供图　视觉中国

楚汉争霸时，刘邦和项羽在荥阳分别雄踞鸿沟两岸，激战四年后，最后商定以鸿沟为界，中分天下。中国象棋中的“楚河、汉界”便是指荥阳的鸿沟。

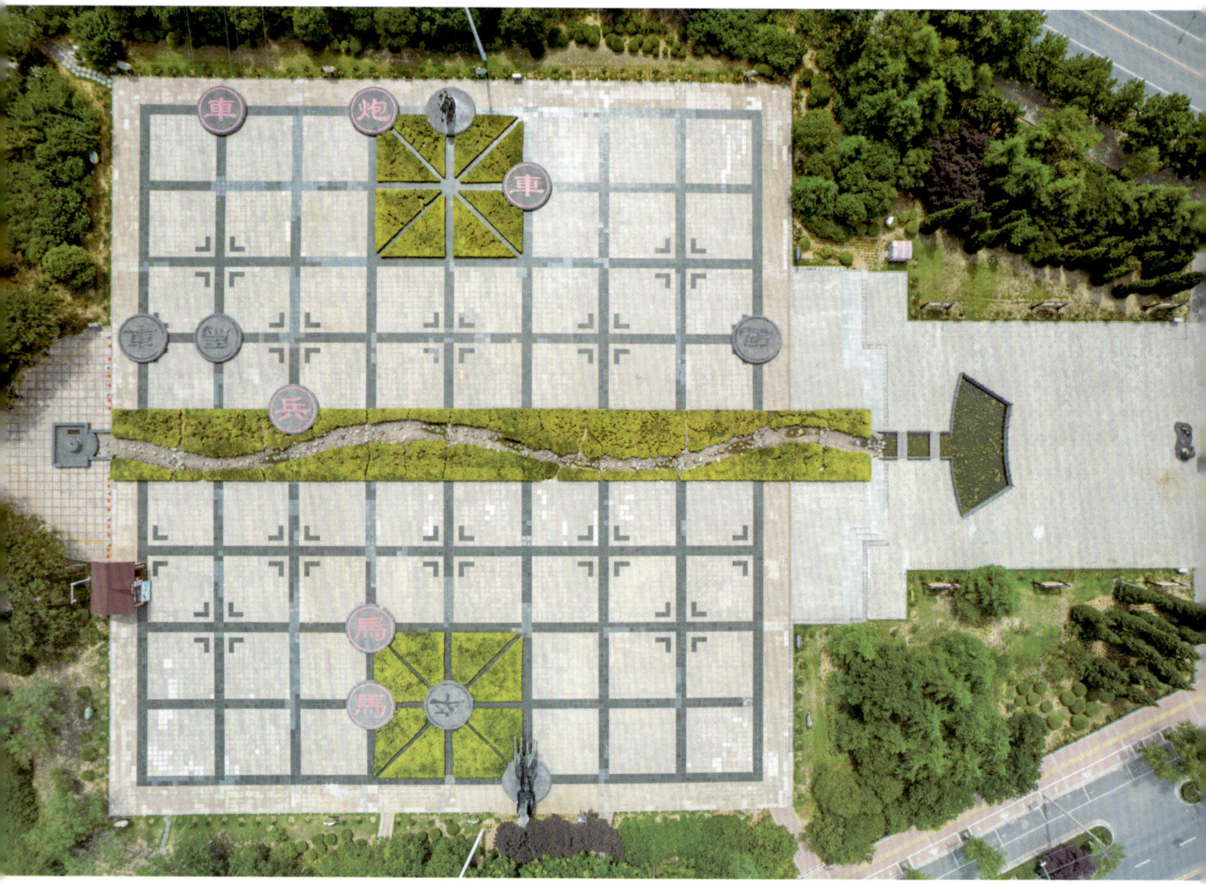

经过数年的战争，亭长出身的刘邦获得了最终的胜利。在他建立的西汉帝国中，荥阳依旧是重中之重的帝国要塞。在当时，荥阳凭借先进的冶铁工艺，赢得了“天下名都”的美誉。

在荥阳以西约 16 公里的汜水镇，是中国历史上威名赫赫的虎牢关。除了楚汉争霸，这里还包揽了多场影响历史的重大战役。

■ 吕布雕塑 / 供图　视觉中国

荥阳虎牢关自古为兵家必争之地，很多著名的历史故事都是在虎牢关发生的。比如“楚汉争霸”“三英战吕布”等。

衔黄河、嵩山优势的虎牢关，正好卡在了洛阳东出中原的豫西要道上。因此，要想拿下洛阳，虎牢关大战在所难免。

为此，东汉末年的董卓、曹操、袁绍没少出力，他们为后人带来了诸多历史故事，也在历史中推动着这座城市一步步前行。

魏晋南北朝时期，由于中原战乱频发，身处中原腹地的郑州亦未能幸免。在应付战争、疲于奔命的同时，人们也开始重新思考生与死的定义。于是，一座座蕴含着浓厚宗教色彩的佛寺、砖塔、石窟造像被批量建造了出来。

进入唐代后，由于统治者源自北朝时期的门阀贵族，这种佛教文化也得到了较好的保存与延续。至今，在郑州境内保存完好的唐塔有 15 座之多，数量堪为全国之冠。

或许正因如此，武则天改制后，便摒弃了过往泰山封禅的先例，选择在郑州地区的中岳嵩山，举行独一无二的“封禅仪式”。

除此之外，作为中国历史上封建时代的鼎盛时期，唐朝的诗文化享誉中外。诗文化的出现，也让郑州人牛了一把。

据统计，在《唐诗三百首》中，有超过 100 首诗出自郑州人之手。杜甫、白居易、李商隐、刘禹锡等诗人中的大拿，都可以说是郑州人。

少林寺内的佛塔林 / 供图　图虫创意

经过文化熏陶后的郑州，从宋代开始，除了担负拱卫北宋国都开封的任务外，便一头扎入营造园林与教书育人的氛围中去。

在宋代文人的共同开发下，郑州成为宋王朝内最理想的安居之所。名家大儒比肩继踵，纷至沓来。

被誉为宋诗开山祖师的梅尧臣在郑州仆射陂留下了“秋雨生陂水，高风落庙梧。梅山为余访，还有旧家无”的佳句。而宋代名相毕士安更是因郑州文风渐好，而弃居千里之外的山西大同，改居于此。

此时，不仅达官贵人热衷于在此置业，就连北宋皇帝亦选择在此兴建了大型的帝陵群。宋代郑州，成为四辅郡之一，号称“西辅”，拱卫京畿。

■ 嵩岳寺塔 / 供图　视觉中国

北宋之后，中国的经济重心南移，郑州不再具备往日紧邻两京的优势。元、明两朝曾经将郑州的一部分划归开封府，但这并不妨碍郑州人在往后的时光中创造出领先世界的科技成果。

古代的郑州地区，位居天地之中，凭借中州强大的优势，使四方来客汇聚于此，成就一番事业。

清朝至民国，郑州多次被升为直隶州。新中国成立后不久，河南省省会从开封迁往郑州。今天的大郑州，虽已与过去的郑州地区相去甚远，但凭借铁路交通之便，依旧影响着中国大多数百姓的出行。

蓬勃之城：历史与机遇并存

时至今日，郑州依旧是中国的十字路口。铁路网的交会，使郑州总有机会赶在时代的前沿，喝上头啖汤。

60 多年前，当新中国开始大力发展棉纺织工业时，郑州以“一年一个纺织厂”的惊人速度，一度成为中国六大纺织基地之一。

■ 郑州国棉工厂旧址 / 供图　图虫创意

■ 河南工业纺织纤维生产线 / 供图　视觉中国

为了大力发展棉纺织工业，十几万工人跟随火车，从天南地北赶来郑州，投身建设事业。尽管最终他们各自的归属皆有不同，但他们从四面八方带来的文化，却被深深地烙上了与郑州相关的印记。

这种标签不仅体现在他们日益本土化的语言当中，也包含在他们的一日三餐之中。在河南，人们的饮食习惯一般以面食为主。一碗简单的河南烩面仅需在筋道的宽面之上，搭配羊肉和棒骨即成。

而这群来自不同地方的新河南人却将烩面吃出了不同的花样。据说，由于当时这批支援郑州纺织工业建设的工人来自全国各地，因此，在饮食的口味融合上，棉纺织厂职工突发奇想，在传统的烩面中，加入咖喱、芝麻等不同风味的食材，使原先如清汤寡水般的烩面，生出了无限可能。

与棉纺织工人朴实无华的悠闲生活形成巨大反差的，是当年郑州经济的又一支柱产业——肉联厂。在那个猪肉统购统销的年代，谁家要是有亲戚在肉联厂工作，必然是别人极力巴结的对象。因为，当年的肉联厂掌管着全郑州人吃肉的梦想。

可是，当国家取消这一垄断政策后，肉联厂往日的风光便戛然而止。1984 年底，随着国家减少统购统销品类的采购，猪肉行业的垄断局面也被打破了。

随着猪肉的大量滞销，各地肉联厂纷纷开始寻找新的销路。在此期间，河南肉联厂的高凤来率先引进了火腿肠生产线，凭借火腿肠方便、肉味浓等特点，河南地区的火腿肠迅速风靡全国。

在这场大口吃肉的浪潮中，在 20 世纪 90 年代的中国，河南堪称中国火腿肠之乡。从河南肉联厂转型春都火腿肠开始，郑州

肉联厂也开始生产郑荣火腿肠；随即，双汇、雨润、金锣也悄然上市，在分割市场的同时，也探索着中国人吃肉的新模式。

在人人追求减肥瘦身的今天，吃肉已经不是时代最大的盼望。但郑州人追逐理想的脚步，似乎从未停歇。

今天，郑州有世界上最重要的手机生产基地，每天都在对外招募新的流水线工人。

承载着“八大古都”荣耀的郑州，也开始了它的续梦之旅。在铁路之外，郑州又积极打造了“网上丝绸之路”及“空中丝绸之路”，尽力将郑州拓宽至与世界同步。

今天的郑州，在中国众多的省会城市中或许并不出彩。但悠久的历史、绵长的文化以及凭借交通枢纽带来的机遇与挑战，必将使郑州成为未来有志之士奋斗的热土。

这就是郑州！一座充满远古人文气息与现代发展希望的蓬勃之城！

■ 郑州郑东新区 CBD / 供图　图虫创意

大同古城 / 供图　图虫创意

大同

什么是天下大同?

恒山金龙峡西岸的峭壁上，悬空寺凌空欲飞，寺前一块巨石，书写着“壮观”二字。仔细一看，“壮”字右边还多画了一点，这可不是错别字。

相传，唐代诗仙李白醉酒游览悬空寺，在石崖上书写“壮观”二字，又认为此二字不足以描绘悬空寺的奇景，就重重地顿下一个圆点。意思是，这场面比壮观还多一点。

这两个字，同样可以形容悬空寺所在的古老城市——山西大同。

■ 大同悬空寺 / 摄影　高晓鹏

悬空寺，始建于公元 491 年，至今已有 1500 多年的历史，是少见的儒释道三教合一的寺庙，整座寺庙像悬挂在悬崖上，险峻异常，是“世界岌岌可危十大建筑”之一。

■ 大同土林 / 供图 图虫创意

在大同，冷峻的土石宛如有了生命一般，造就了多处鬼斧神工的地质奇观。大同云州区郊外，千姿百态的土柱、土崖绵延五公里，形成一片“黄土森林”。

在大同，中华文明的雕刻艺术达到极致，武周山南麓，依山开凿的石窟历经 1500 年，5 万余尊佛像，252 个窟龛，诉说着佛国与人间的沧海桑田。

在大同，血与火是兵家必争之地的荣光。得胜堡、助马堡、保平堡、守口堡等分列四周，长城边上的古堡群落至今仍在无声地瞭望。大同城墙耸立，犹可见当年的金戈铁马。

生于山海之间

最早在大同一带开辟防御战线的人，是战国时期的赵武灵王。距今 2300 多年前，赵武灵王年少继位，推行胡服骑射改革，开疆拓土，在赵国北边设置雁门、云中、代三郡，抵御游牧民族林胡、楼烦诸部。其中，云中管辖的平城就是后来的大同。

雄踞于北方的城邑，昭示了赵武灵王的雄心。此后，赵国将士凭借从北方胡骑学来的技术，搭上弓箭，改穿短装，束皮带，用带扣，穿皮靴，戴羽毛装饰的帽子，在李牧等名将的率领下，成为一支强大的骑兵，可与匈奴骑兵乃至秦军一决高下。

人类历史在大自然面前不过一瞬。赵武灵王当然也无从得知，眼前这一片广阔天地是如何形成的。

数百万年前，大同位于浩瀚无际的“古大同湖”中。这片湖泊形成于燕山运动与喜马拉雅造山运动，由于河流汇集，海水倒灌，盆地内蓄满水流，面积达 9000 平方公里，约等于两个青海湖。

距今 20 万—12.5 万年前的许家窑人，属于早期智人，栖息在大同湖畔，过着渔猎与采集的生活。一些学者认为这可能是北京人长途迁徙后，定居于此发展而来的旧石器文化。

随着地壳起伏，经历多次剧烈变化后，古大同湖在几万年前

消失，留下人类祖先的遗址与浮出水面的大同盆地。大同境内最大的河流桑干河，沿着与恒山山脉相同的走向缓缓流过，带来充足的水源，孕育了初生的文明。古人记载，桑干河两岸分布大片桑林，每年桑葚成熟时径流量减少，甚至出现干涸，故得此名。

从古大同湖中新生的大同，犹如北方之锁钥，其所在的大同盆地，位于黄土高原与华北平原之间，南有恒山，北有阴山，自古为军事重镇，内外长城在此交会，绵延不绝。

如今的大同市，以“煤都”“雕塑之都”之名著称，东距首都北京 340 多公里，南距省会太原 280 多公里，扼三省区之咽喉要道，也是我国首批“历史文化名城”之一。

■ 大同桑干河 / 供图　视觉中国

■ 恒山 / 供图　图虫创意

当初，新置三郡后，赵武灵王对这片壮观的山河进行了大刀阔斧的改建，修筑长城，派兵戍守。诞生于山海之间的大同，也在多年后成为这位雄主的安息之地。

赵武灵王死得太憋屈了，他晚年时将王位让给钟爱的幼子，自称“主父”，却在退休后遭遇赵国宗室发起的政变，自己被困在沙丘宫，活活饿死。

沙丘宫变后，掌权的公子成等人为了削弱赵武灵王的影响力，不敢将他安葬于赵国国都附近，而是葬在了代地，葬于他生前念念不忘的边城，也是他曾经策马扬鞭的地方。赵武灵王墓所在的地方因此被称为“灵丘”，即今大同灵丘县。

后来，勇于创新的赵军在长平之战中败给如狼似虎的秦军，彻底错失了与大秦抗衡的机会。赵人的慷慨悲歌，却长留世间。

大同这片壮观的天地，逐渐展露其险峻峥嵘。在赵武灵王去世 90 多年后，另一位英主也被困在大同。公元前 200 年，汉高祖刘邦御驾亲征，与匈奴单于冒顿率领的大军在平城一带交战。刘邦一时轻敌，中了匈奴人的埋伏，被匈奴十万大军包围在白登山（今大同东北）。

刘邦这支军队被围困了七天七夜，多亏谋士陈平想了一招妙计。他派人携带金银珠宝与汉人美女的画像送给匈奴阏氏（即单

■ 右玉古长城 / 供图　视觉中国

于的妻子），说我们这里美女很多，您不帮我们说几句话，我们就选几位美女献给单于，到时您的地位可就不稳固了。阏氏害怕自己失宠，吹起枕边风，说服单于收兵。

当时，冒顿得知汉军主力部队正在赶来救援，也不愿撕破脸，他下令解开包围一角，让刘邦脱身。之后，双方撤军而去，汉匈关系有所缓和，为汉初的休养生息换回宝贵的时间。

从地图上看，大同位于黄土高原边缘、山西最北部的大同盆地中心，四周山脉在此合围，还有桑干河自西向东流过，形成宽广的河谷，再往东，则是一马平川的华北平原。因此，大同是游牧民族与农耕民族的夹缝地带。

自赵国将大同纳入行政建制后，历史上，不光刘邦与冒顿在此交锋，乌桓、鲜卑、突厥、契丹、女真、蒙古等部族都曾驰骋于此，南北王朝在边疆的前哨站对峙，席卷战争风云。最早在大同建都的也是一个少数民族建立的政权——北魏。

佛国与古都

有人说，大同是“三代京华，两朝重镇，屏全晋而拱神京”。壮观的大同山河，自有一股王者之气。北魏皇族徙六州二十二郡贵族、三千家吏民与十万能工巧匠迁居于此，并在平城居住了近一个世纪。

辽金两朝，都将大同设置为陪都；明清两代，皆以大同为北边重镇。

兴起于东北的鲜卑拓跋氏，在五胡十六国的乱世中入主中原。公元 398 年，北魏道武帝拓跋珪率领大军击溃同属鲜卑族的慕容氏后，尽收山西、河北之地，将都城迁至平城。此后，北魏政权基本统一北方，并推行汉化政策。

从大同出土的北魏墓群中可知，北魏前期衣食住行仍带有鲜明的游牧民族特色，但随着时间推移，鲜卑人也为汉文化着迷，器物中的草原文化色彩逐渐淡化，开始改易汉俗。由冯太后、孝文帝推行的汉化改革，使北魏在中原站稳了脚跟。

公元 493 年，平城完成了它在北魏王朝的历史使命。北魏孝文帝以带兵南下为由，带着宗室、大臣从平城来到洛阳。适逢秋雨连绵，孝文帝说出他的真实意图，将王公贵族强行留下，正式将都城迁到了洛阳。

山西大同古城墙素有“巍然重镇”“北方锁钥”之称，是保存相对较为完整的古城墙 / 供图　视觉

永泰門

■ 大同博物馆馆藏北魏陶俑阵 / 供图　视觉中国

在平城建都的一个世纪里，北魏为大同凿刻了隽永的史迹。云冈石窟的第一期工程“昙曜五窟”，即现在的第 16 至 20 窟，由北魏高僧昙曜主持开凿。

昙曜本是北凉的国师，在北魏灭北凉后，与三万凉州人一同被迁往平城。北魏太子拓跋晃爱好佛教，将昙曜奉为座上宾，但此时佛教正遭受北魏太武帝灭佛的冲击。昙曜信仰坚定，在僧徒遭受迫害的日子仍身着袈裟，片刻不离，冒着被杀头的风险四处避难，坚持到北魏文成帝（拓跋晃之子）复兴佛教的那天。

历经生死劫难的昙曜，带着复佛的心愿，来到大同城西，向文成帝建议，于此处开凿窟龛五所，造佛像为北魏皇室祈福。于是，高大奇伟的佛像，在山崖中雕造而成，这一刻，昙曜也将成为文化史上的巨人。

昙曜五窟中的第 20 窟佛像，是依照北魏道武帝形象凿刻的释迦牟尼像，至今已历经 1500 多年的风霜雨雪，前壁因某次地震崩塌，致使整个洞窟显露在外，

大同云冈石窟昙曜雕像 / 供图　图虫创意

■ 左图，云冈石窟第 20 窟——释迦牟尼塑像 / 供图　视觉中国

■ 右图，云冈石窟第 3 窟（灵岩寺洞）——菩萨塑像 / 供图　图虫创意

露天大佛更加气势恢宏，成为云冈石窟最具代表性的作品。

昙曜五窟为云冈石窟的早期工程，此后百余年，石窟又进行了两次大规模开凿活动，并在石窟周围兴建了巨大的木结构建筑，史称“云冈十寺”。其中，十寺毁于战火，唯有石窟中万千雕塑流传下来，成为举世瞩目的瑰宝。

云冈石窟中，还有菩萨、金刚力士、宝塔、山水、花鸟野兽和自然景物等各式造像。这些亦真亦幻的佛窟，“穷诸巧丽”，“骇动人神”。

云冈石窟，北魏时期雕刻的飞天佛像 / 供图　图虫创意

云冈石窟内的佛像雕塑 / 供图　视觉中国

云冈石窟外的佛像雕柱 / 供图　视觉中国

云冈石窟第 6 窟雕塑 / 供图　图虫创意

■ 滹沱河风景 / 供图　图虫创意

大同市浑源县的悬空寺，同样始建于北魏。悬空寺建于恒山金龙峡的峭壁上，面对着恒山主峰天峰岭，依托岩壁，半插飞梁，充分利用力学原理，屹立千年不倒。

比“壮观多一点”的悬空寺，还是国内罕见的儒释道三教合一的寺庙，在离地百余尺的断崖上，有内塑佛像的大雄宝殿，也有供奉吕洞宾的吕祖庙，而建在最高处的三教殿中，孔子、释迦牟尼、老子三教始祖塑像共居一殿。悬空寺的奇、险是古人的科技巧思，三教的交融则书写了大同壮阔历史的源远流长。

拥抱悬空寺的恒山巍峨耸峙，作为桑干河与滹沱河的分水岭，自西南向东北，重重叠叠，化为如诗如画的十八胜景。

五岳之一的恒山自古为用武之地，慕容与拓跋两家，都曾依靠其地利布置险关，称霸一方。

但是，随着北魏迁都洛阳，盛极一时的平城在6世纪初走向衰落，这座昔日北方最繁华的都会，在流民起义军的攻伐下瞬间倾塌，尽为丘墟，“城阙摧残犹可惜，荒郊处处生荆棘”。

直到契丹人到来，大同才再次繁荣。从唐朝到五代，大同被称为云中县，为云州州治。公元936年，后晋的“儿皇帝”石敬瑭为了帝位，向契丹求援，割让燕云十六州给契丹，其中就包括云州。

契丹人建立辽朝，升云州为西京大同府，取自“天下大同”的祝愿，将其作为辽五京之一。辽朝占据大同后，不仅扩建城垣，还与500年前的鲜卑人一样大修佛寺。辽朝是历史上佛教最兴盛的王朝之一，一度取代中原，成为当时东亚佛教文化的中心。大同华严寺、观音堂、应县释迦塔等寺院浮屠，都是建造于这一时期。辽西京还保留了云岗十寺与北魏平城的城市布局。

契丹人对大同的推崇一直延续到辽亡。公元1122年，辽朝最后一位皇帝耶律延禧被女真人追捕时，一路逃至西京大同躲起来，最后在逃跑途中被擒获。此后，辽朝灭亡。耶律延禧最后的下场众说纷纭，但据宋人笔记记载，他与北宋的徽、钦二帝都在被俘后受尽屈辱，甚至与宋钦宗在同一场赛马中被谋害而死。

都说北魏辽金看大同，辽金佛塔看山西。女真族建立的金朝，在攻破辽五京后，继续以大同为西京，并接过契丹人的工程，修

峻極神工
天下奇觀
釋迦塔
天宮高聳
正直

城建寺，俨然一个佛国世界。

作为中原与北方少数民族交流的中转站，再次兴盛的大同商业发达，尤其以武器与军需品闻名天下。元初，马可·波罗途径大同时，称这是“一座宏伟而美丽的城市”，而大同古城壮丽的烽火，并未就此平息。

■ 应县释迦塔 / 供图　图虫创意

俗称应县木塔，公元 1056 年修建，是世界上现存最古老、最高大的木塔，其与意大利比萨斜塔、巴黎埃菲尔铁塔一起被称为“世界三大奇塔”。

长城上的大同

自石敬瑭割让燕云十六州，整整过去了 400 多年，汉人的兵马才再次收回大同这一北方重镇。

明初，大将常遇春从北元手中拿下大同。不久后，明太祖朱元璋派徐达与常遇春北伐北元残党，徐达在北伐途中受命增筑大同，建起以军事防卫为目的的大同城。史载，“终明之世，边防甚重”。大同被明朝划为“九镇”之一，与辽东、宣府、太原、宁夏等并列，每镇设总兵统辖。

■ 大同古长城遗址 / 供图　图虫创意

明清两代，大同古城奠定了“凤凰城”的雄伟格局。因大同城有南关、北关、东关三个关城，唯独没有西关，世人赋予了其浪漫的传说，认为主城为凤身，南关为凤头，北关为凤尾，东关为金凤展翅，城西为金凤合翅，整座城池犹如金色凤凰舒展单翅，昂首而立。

大同城外的防御体系，亦是天下奇观。万里长城，自渤海之滨绵延至甘肃嘉峪关，历朝历代修建长城，都将大同作为重镇。

长城从东往西，如一条巨龙蜿蜒盘踞，到居庸关这一段后，分两支进入山西。南部为内长城，大致从河北涞源县经大同灵丘、浑源二县，到忻州繁峙县，继续向西；北部为外长城，经过大同阳高县、新荣区、左云县等地。

■ 大同得胜堡遗址 / 供图　图虫创意

因此，大同夹在内外长城之间，周围分布着 2000 多年来各个朝代的长城，从赵长城、秦长城，一直到明清长城。

古城周围的城墙、堡垒、烽燧经过 2000 多年的岁月激荡，内五堡、外五堡、塞外四堡、云冈六堡等共 72 座城堡，至今依旧星罗棋布于大同各个区县。路过残破凋零的古堡，抚摸着崎岖的砖石土墙，这也许是土木之变中勇将郭登抵御瓦剌用过的箭楼；也许是清初反抗清兵的姜瓖用过的炮台。

朱元璋、朱棣父子俩也将对大同的偏爱写入史书。明初，大同被封给了朱元璋第十三子代王朱桂。朱桂就藩于大同后，在王府门前打造了一座琉璃九龙壁，长 45.5 米，高 8 米，辉煌壮丽，用大同自产的琉璃构件拼砌而成，远看如倒映于水中的九条巨龙，翻腾于碧海长天、旭日明月之间。

朱桂是个糊里糊涂的贵公子，也有人说，他是个装疯卖傻的聪明人。在得到朱元璋的信任镇守大同后，为人粗暴的朱桂贪图享乐，建文帝削藩时，找了个罪名将他废为庶人。后来，朱桂的四哥朱棣在北平发起靖难之役造反，带兵南下，抢了侄子建文帝的皇位。在这场叛乱中，朱桂机智地站在了朱棣这边，朱棣建都北京后，朱桂恢复王爵，大同亦成为京畿屏障。有明一代，朱桂这一支在大同安然无恙。

直到明末清初，存世 200 多年的代王府毁于战火，清军屠城，为打击抗清的士气，连城墙都削掉五尺，却唯独留下了王府门前的九龙壁。大同九龙壁为国内九龙壁中修建年代最早、面积最大、艺术价值最高的一座，今坐落于大同市区大东街。

■ 大同代王府（复建）雪景图 / 供图　图虫创意

■ 600 多岁的大同九龙壁 / 供图　视觉中国

经过多次战乱，大同元气大伤，即便从周边各州县移民，也难以恢复往日荣光。

到了近代，海洋与铁路贸易兴起，曾经的北边重镇也渐渐退出了历史舞台的中心。北魏帝都的王霸之气、辽金陪都的浮屠佛光、明清重镇的雄伟城墙，都发出了繁华过后的最后一声长叹。

■ 大秦铁路 / 供图　视觉中国
大秦线西起大同、东至秦皇岛，是我国第一条煤运通道干线铁路。

古城复苏

古大同湖逝去后，广袤的原始森林在大同拥有得天独厚的地理条件，并在多年后变成取之不尽的煤炭资源，成为一片“煤海”。近几十年来，大同更多是以“中国煤都”的响亮称号为人熟

■ 大同文瀛湖 / 供图　图虫创意

知。同煤集团及其前身大同矿务局，曾是中国最大的煤炭生产企业，过去 60 余年，大同至少向全国输送了 24 亿吨煤炭。

然而，急剧膨胀的煤炭产业没能复兴大同，在富了一批“煤老板”之后，就没有然后了。21 世纪之初，自近代以来毁于战乱的历史遗迹依旧无人问津，煤炭生产反而使大同经济结构单一，面临资源枯竭的危机。

由于大同的地形是一个槽型盆地，群山屏蔽，东南有恒山、太行山阻挡，西北有吕梁山、阴山阻挡，重工业的大量污染物难以扩散出去，进而形成大气污染，甚至云冈石窟的佛像都渗入了一层煤灰。

在困境中，大同走出了一条波澜壮阔的重建之路。2008 年后，大同全面实施历史文化复兴与古城保护工程。那几年，关于大同最多的新闻报道，是充满争议的“拆迁”。为了复兴城市，大同干的全是大工程。大同古城墙得以修复，华严寺、善化寺、云冈石窟等大同古老的精神象征重焕新生，城市停滞的血液再次流动。

同时，告别单一的产业结构后，大同的空气质量也日渐改善。市区东部险些干涸的文瀛湖，面积比此前扩大了 5 倍。

新的大同，是“一轴双城”。“一轴”即以御河为新旧城区的中轴线，河西岸的大同古城千年未迁，得到重修保护；东岸的新城蒸蒸日上，与古城遥相呼应，一些老城的医院、学校也在新区落户，全面升级。这一规划，参照的是著名的“梁陈方案”（梁思成与陈占祥于 20 世纪 50 年代为北京城提出的城市发展规划）。

这座凤凰城，终于重回世人的视野。

逛古寺，看佛窟，登上修复后的古城墙，走进天下大同，似乎能感受到文明的脉搏在这雄迈壮观的古都中，已经跳动了 2300 年。

成都浣花溪畔，杜甫草堂 / 供图　图虫创意

成都

中国最风流的城市

说起成都，似乎总是轻松惬意，巴适得很，这是一座最能代表天府之国的城市。

■ 成都街头的熊猫雕塑，麻将三缺一 / 供图　图虫创意

九天开出一成都

成都，可以说是正儿八经的古都。从古蜀国的开明九世（一说五世）开始，历史上先后有公孙述（成家）、刘备（蜀汉）、李雄（成汉）、谯纵（西蜀）、王建（前蜀）、孟知祥（后蜀）、张献忠（大西）等十多个人物在成都建立朝廷。

尽管这些君王都偏安一隅，从未统一神州大地，成都却在2300多年的建城史中创造了两大纪录：一是城池屡有兴废，但城址一直未变；二是政权屡有更替，但城市名称从未变更。

有一种说法认为，古蜀人借用西周建都“一年成聚，二年成邑，三年成都”的记载，自豪地将都城命名为“成都”。

这座城市的诞生，仰赖于得天独厚的自然环境。有句古话，“天孙纵有闲针线，难绣西川百里图”，天孙指天上的织女星，这句话是说，就算是织女也难以织出秀丽如画的成都平原。

成都，位于四川盆地西部、成都平原中部。夏无酷暑，冬无严寒，物产丰饶，作为中国西南的腹心枢纽，连接着西南、西北和华中各个地区。

几千年来，成都的自然环境与气候条件相对稳定，其位于北纬30度，属于亚热带湿润季风气候，丰沛的地表、地下水与紫红色的肥沃土地，确保了文明持续不断地发展，使其在与关中等地

成都平原腹心——温江稻田 / 供图　视觉中国

生态温江
风光

峨眉山，金顶银河 / 供图　视觉中国

青城山，碧水青山 / 供图　视觉中国

■ 西岭雪山朝霞 / 供图　视觉中国

■ 龙泉山，云雾晨曦 / 供图　图虫创意

■ 岷江 / 供图　视觉中国

的竞争中赢得了“天府之国”的桂冠。

在天府之国的土地上，成都可分为山地、平原、丘陵三个部分，西北高，东南低，三面环山。西部是龙门山与邛崃山，地势较高，其中位于成都大邑县与阿坝藏族羌族自治州、雅安交界处的苗基岭，海拔高达 5353 米，为世界千万人口大城市中海拔最高的雪山。中部为广阔的平原，地势与四川盆地一致，从西北向东南倾斜，遍布江河溪流。东部的龙泉山脉，勾勒出成都平原与川中丘陵的自然分界线，也划分了岷江与沱江两大水系。

然而，成都人不只获得了大自然的丰厚恩赐。河岸边的城市往往依靠水利事业，发源于青藏高原的岷江之水从千里雪山奔腾而下，在 4000 多年前就开始滋养古蜀先民，但因上游雨量充沛，大面积暴雨时常发生，故有“西蜀天漏”的现象，造成江水泛滥

都江堰 / 供图　图虫创意

成灾。

公元前 3 世纪，秦国蜀郡郡守李冰与其子二郎带领蜀郡百姓，在成都修建了千古工程都江堰。这一水利工程建成 2000 多年，至今仍在发挥作用。

都江堰渠首由鱼嘴、宝瓶口和飞沙堰三大工程组成。李冰父子通过实地勘测，选择将渠首建在岷江进入成都平原的起点，成都平原实际上是岷江、石亭江、绵远河等江河形成的冲积平原，岷江冲积扇正好位于中脊，面积最大，海拔最高。

如此一来，鱼嘴将岷江一分为二，右为外江，左为内江，通过无坝导水，与宝瓶口、飞沙堰彼此配合，既保证成都平原不受洪涝之灾，又不影响老百姓用水。后人为了纪念李冰，尊称其为

■ 都江堰宝瓶口 / 供图　视觉中国

“川主”，建庙祭拜。

大山广川润泽成都，都江堰建成后，成都平原兼有灌溉之利、舟楫之便，沃野千里，粮丰物茂，“水旱从人，不知饥馑，时无荒年”。再者，成都平原所在的地质结构属于扬子地块构造，基本上没有断层，十分稳固，且远离沙漠、海洋，因此较少遭受寒流、荒漠、洪灾、旱灾等自然灾害，富足而安逸。

从古至今，成都书写了宏丽、璀璨的巴蜀长歌，成都人也用他们的方式定义了生活。

扬一益二，诗家律手在成都

“蜀”字的古代写法，像一只蚕。文献传说中的古蜀国，就是从蚕丛开始的，古诗曰：“蚕丛及鱼凫，开国何茫然？”蚕丛、柏灌、鱼凫三代蜀王，在传说中都活了几百岁，应该是代表以成都平原为中心的三个前后继承的古蜀政权，这些早期的古蜀文化，至少都延续了几百年。

在他们之后，又有杜宇、鳖灵等被神化的古蜀国王。相传，杜宇自称望帝，教民务农，深受爱戴，后来把王位禅让给治水有功的鳖灵，死后魂魄化为杜鹃鸟，每到阳春三月，在成都平原的田野上彻夜不停地鸣叫，直到啼血。

文明曙光朗照在成都平原，沉睡了 3000 年的遗址一朝醒来，证明了他们的存在。21 世纪的第一年，成都市区西郊出土了金沙遗址，数以千计的金器、铜器、玉器等珍贵文物惊艳了世界。这是继三星堆文明之后，成都平原的另一个古蜀传奇，与三星堆在文化上有着直接的联系。

金沙文化遗址的文物也记录了成都先民的丰富生活。独特的神鸟崇拜铭刻在太阳神鸟金饰中，这一神圣的图案被选为中国文化遗产标志。遗址中出土的玉海贝形佩饰，说明那时成都商人已经学会了跟沿海居民做买卖。

有学者认为，金沙遗址极有可能与杜宇的传说有关。相传，

■ 金面具/供图　图虫创意

金沙遗址博物馆藏品，是目前中国发现的同时期形体较大、保存最为完整的金面具，反映了古蜀文明发达的巫术、宗教文化。

■ 太阳神鸟金箔/供图　图虫创意

太阳神鸟金箔，由四只相同的逆时针飞行的鸟组成，体现了古蜀人对太阳及鸟的崇拜，目前这一金饰已成为中国文化遗产标志。

三星堆出土的青铜人头像／供图 图虫创意

三星堆文化是古蜀文化的典型代表，也是目前为止我国西南地区发现的范围最大、延续时间最长、文化内涵最丰富的古蜀文化。

接受杜宇禅让的鳖灵开创了开明王朝，他的子孙将都城从郫邑（今成都郫都区）迁至今成都市主城区，以江河为屏障，从此，成都的城址再未迁徙。开明王朝强盛时北与秦国为敌，控制着汉中地区，后来走向衰落，被秦国吞并。

距今 2300 多年前，秦并巴蜀，以成都为蜀郡郡治，巴蜀的财富与人力后来成为秦朝统一天下的重要支撑。张仪、张若受命修筑成都城，将其分为大城与少城，奠定了此后成都城市的基本格局。

成都是冲积平原，土质松软。相传，张仪修筑成都之初，由于不熟悉当地的地质条件，修建一段就倒塌一段。他偶然间看到一只神龟游上岸，绕城而行，到城东南隅力尽而死。众人皆大为惊奇，一个巫师却对张仪说，神龟是上天派遣下来的使者，照着它行走的路径修城即可。张仪照着龟行路线重新修城，城墙果然不再倒塌。不过这个故事大概只是后人附会编造的。

秦成都城为求坚固耐用，依山而建，东西狭而南北长，外形如龟状，并非规整的方形，故民间有“龟城”一说，后来就演变成了神龟助张仪修城的故事。

成都城落成之后，这个文艺富庶的大都会开始在全国占据一席之地。西汉景帝时期，学者文党被任命为蜀郡太守，他翻山越岭来到成都，发现当地居民仍有蛮夷之风。为此，文党在成都挑选出十几个聪明能干的小吏，亲自教授他们知识，在当地发展教育，并创建一所学校。这所学校用石头砌成，只要是通过考试的优秀才俊都可入学。

■ 成都邛崃文君井 / 供图　视觉中国

文党开蜀学之先声，被后世尊称为文翁，文翁兴学的“成都经验”也被推广到各地，而他创办的石室绵延至今，从郡学、府学发展为书院、学堂，现在是成都石室中学。

蜀学初兴，成都人才荟萃，如扬雄、严君平等汉赋大家皆出自西蜀，另一位西汉的成都才子司马相如还有一段风流传奇。

司马相如说:“盖世必有非常之人，然后有非常之事。”才华横溢的他在富豪卓王孙家邂逅了卓家新寡的女儿卓文君。司马相如为卓文君心动，以一曲《凤求凰》追求她，并与她连夜私奔到成都。

二人结为夫妇后，为了谋生，到临邛（今成都邛崃市）开了一间酒馆，卓文君当垆卖酒，司马相如则充当店小二清洗酒器。作为巨富的卓王孙知道后气急败坏，只好承认司马相如这个女婿，给了他们一笔资费，让他们小夫妻停业。

司马相如却觉得接受老丈人的施舍太窝囊，这个成都青年想自己闯一闯，于是离开老家，准备前往长安。走到城北升仙桥，还特意题了一句："不乘高车驷马，不过汝下！"后来，司马相如果然得到汉武帝赏识，乘高车驷马，衣锦还乡。升仙桥从此改名为驷马桥，成都至今有驷马桥街，而司马相如旧宅附近的琴台，也演变为如今的琴台路。

成都的才子佳人名留青史，而成都的美物更是享誉海内外。在古代，成都的丝绸、漆器、茶叶等货物行销天下。由于盛产蜀锦，成都有"锦城"之称。成都的蜀锦质量上乘，色彩艳丽，图案多彩，技术居于全国领先地位。

秦汉时期，成都是蜀地乃至全国丝绸的重要产地，城中设置"锦官"，专门主管丝绸作坊生产。三国时期，蜀锦作为蜀汉的特产，远销魏、吴两国，为蜀军北伐贡献了大量财力。曹魏的奠基者曹操与他的儿子曹丕都是蜀锦的拥趸，曹丕称帝后认为，洛阳的如意虎头连璧锦虽是精品，但还远远比不上蜀锦精妙绝伦。蜀汉丞相诸葛亮也说："今民贫国虚，决敌之资，唯仰锦耳。"

对蜀锦生产大有贡献的诸葛亮，为成都修建了防洪的"诸葛

■ 蜀绣 · 川剧脸谱 / 供图　视觉中国

■ 蜀绣 · 熊猫 / 图虫创意

■ 武侯祠风光 / 供图　视觉中国

堤”，维修了都江堰，在蜀地“务农殖谷，闭关息民”，最终病逝于北伐路上的五丈原。为了纪念这位贤相，成都武侯祠中，香火燃了近 1800 年，至今仍是无数人朝圣的“三国圣地”。

到了唐宋，有了“扬一益二”这句俗语，就是说，扬州排第一，成都排第二，若论商贸经济，成都已经是当之无愧的一线城市。在唐代，成都每月都要举办商品展览会：“正月灯市，二月花市，三月蚕市，四月锦市，五月扇市，六月香市，七月七宝市，八月桂市，九月药市，十月酒市，十一月梅市，十二月桃符市。”

(《蜀典》卷六引《成都古今记》)。在宋代，会做生意的成都人发明了中国最早的纸币——交子。

正所谓“诗家律手在成都，权与寻常将相殊”，经济发达、社会安定的成都，成为唐诗宋词歌咏的西南大都会，成都如同一块文化磁石，吸引不少诗词名家入蜀，在此流连忘返。

安史之乱后，唐玄宗入蜀，升成都为“南京”。四川老乡李白听闻这一消息，写诗称赞成都锦绣如画，胜过关中:“九天开出一成都，万户千门入画图。草树云山如锦绣，秦川得及此间无。”这座九天之上的城市，千家万户，绿树青山，给了眼见盛世破碎的唐明皇最后一丝慰藉。

诗圣杜甫同样长期在蜀地生活，他后半生的漂泊生活幸好有成都的闲适作为点缀，他在《成都府》中写道:“曾城填华屋，季冬树木苍。喧然名都会，吹箫间笙簧。”

杜甫在浣花溪畔筑起一个简陋的草堂，饮酒赋诗，晴耕雨读，其妙笔刻画了成都千余年前的时空。窗外，“两个黄鹂鸣翠柳，一行白鹭上青天”；村舍，“白沙翠竹江村暮，相对柴门月色新”；江畔，“留连戏蝶时时舞，自在娇莺恰恰啼”。

杜甫最后离开了成都，他的草堂遗迹却得到历代修葺，而今仍是成都宝贵的文化遗产，很多人忘了杜甫生在哪里，逝于何方，但读过唐诗的人，都知道他在成都浣花溪畔的草堂生活过。

被誉为“蜀中四大才女”之一的薛涛，对成都的名胜与风情，自有一番别样体会:“万里桥头独越吟，知凭文字写愁心。细侯风韵兼前事，不止为舟也作霖。”她一生才思敏捷，却屡遭心灵创伤，晚年隐居城西的碧鸡坊（今成都西门东胜街一带），筑起了一座吟诗楼，脱去一生最爱的红裙，换上道袍，安度晚年。

宋代大文豪陆游在蜀地为官多年，他笔下的成都更是繁华如梦。在《晚登子城》中，陆游描绘了登上成都城墙，遍览城中景色："城中繁雄千万户，朱门甲第何峥嵘。锦机玉功不知数，深夜穷巷闻吹笙。"他也走遍城西的青羊宫到杜甫草堂一带，写有《梅花绝句》，为之心醉沉迷："当年走马锦城西，曾为梅花醉似泥。二十里中香不断，青羊宫到浣花溪。"

名扬天下的西南大都会，化身为诗意之都，这座城市拥有岁月静好，也历经了涅槃重生。

■ 道法自然，青羊宫 / 摄影　西西

■ 薛涛井 / 供图　视觉中国

涅槃与重生

明末清初，四川遭受重创，张献忠、李自成余部、清军、南明等各方势力，在巴蜀互相攻伐近 20 年，对四川造成了极大破坏，导致四川人口大量减少，成都也不能幸免，“城中绝人迹者十五六年，惟见草木充塞，麋鹿纵横，凡是廛闾巷官民居址皆不可复识”。

成都人沈荀蔚回到家中，眼前的情景让他每天都做噩梦，他看见水井中竟填满尸骨，几个幸存的老和尚每天都从街道上搬运尸骨出城，安葬死者，每天要拉几十趟，城外已是白骨累累。二十年间，成都平原成了豺狼虎豹横行的废墟。

如今天府广场一带，是成都的“老皇城”，即明朝蜀王府，也是城中制高点，与五代十国中的前后蜀皇城一脉相承。蜀王府历时五年修成，从南到北有承运门、承运殿、圆殿、存心殿、王宫等五重大殿，占据成都城的一大部分，遂使成都有了内、中、外三重城垣。这一巍峨华丽的王府也在明末毁于战火，只有两根蟠龙石柱烧不烂。2004 年，天府广场地下还挖出过一块被火烧过的“龙爪”，被证实是明代蜀王府屋檐的构件。

几经战乱后，在烈火焚烧的遗迹中，成都重建徐徐展开。清初，康熙帝对四川实行移民，史称“湖广填四川”。在多种优惠政策的引导下，多省移民涌入四川，而成都成为移民入川的首选。

■ 成都天府广场 / 供图　图虫创意

■ 成都 IFS（国际金融中心），熊猫雕像 / 供图　视觉中国

晚清学者傅崇矩发现，当时的成都人多为外省籍，以湖广占多数，陕西人次之，他们也渐渐成了老成都人。

各地移民聚在成都，互相通婚，创造出一个崭新的移民社会，有几句竹枝词这样写道：“大姨嫁陕二姨苏，大嫂江西二嫂湖。戚友初逢问原籍，现无十世老成都。”城市复苏后，成都人的巴适生活又开始了。

蜀王府遗址在清朝时修建了全省科举考试的贡院，直到近现代，古朴的老皇城还保留南面城墙和明远楼、至公堂等建筑，后来为了城市建设，老皇城在炸药爆炸的巨响中彻底化为尘土。清朝对成都城市最大的贡献是营建“少城”。相比老皇城的壮美，少城更为秀丽典雅，作为城中之城，专驻八旗官兵及其眷属。少城

■ 宽窄巷子的街头涂鸦 / 供图　图虫创意

■ 成都东门市井茶馆 / 供图　视觉中国

方圆约十里，大致上东起半边桥街，西至今同仁路。

少城的建设带有北方胡同特色，现在少城遗址一带的巷子，其实都是胡同，宽窄巷子就是当时正蓝旗的驻地。成都作家李劼人说，少城“是一个极消闲而无一点尘俗气息，又到处是画境、到处富有诗意的地方”。

晚清以后，蜀中动荡不安，哥老会等会党势力参与革命，举起反清大旗。成都将军玉昆上任后，城中民族矛盾尖锐，有人劝他说，现今上海等地都已学西洋各国，建公园供百姓游憩，何不利用少城？于是，玉昆为了缓和城中的压抑气氛，拨款 5000 两白银，建造少城公园（今成都人民公园），不限民族，任居民游玩，公园内设楼亭供人卖茶水酒饭以谋生计。

此后，公园内发展出了鹤鸣、绿茵阁、枕流等多个茶馆，每天三教九流的茶客满座，喝盖碗茶，嗑瓜子，冲壳子（四川方言，指聊天吹牛）。成都茶社鼎盛时，全城街巷 516 条，茶社就有 500 多家，基本每一个街头都要配一家茶社。

成都在安逸之余也不忘与时代接轨。晚清四川总督丁宝桢是洋务派代表，他在成都东门内下莲池一带择地建厂，创办了四川机器局，这是四川乃至西南的第一家机器工厂。

当时，西南边疆形势严峻，英、法两国在印度、越南对中国步步紧逼，时人认为，“川中一失，则四通八达之天下藩篱尽坏”。丁宝桢到四川上任后，坐镇成都，增加川藏沿线驻军，大修都江堰，保一方安宁，直至病逝于任上。他为官清廉，俸禄多用于济困助贫，去世后家中竟然“家贫不能举火，成都府供食数月”。

最为人津津乐道的还有丁宝桢与宫保鸡丁的故事。这个故事有多个版本，其中一个说，丁宝桢生活简朴，家里有个厨子，手艺一般。有一天，丁宝桢问厨子，炒菜能不能变个花样。他们一起到厨房发明新菜，丁宝桢不顾身份，亲自下厨，挽起袖子，将干辣椒、鸡丁与前一晚吃剩的炒花生米都倒到锅中爆炒。厨子都看傻眼了，等到这道怪菜出锅，两人一尝，才发现其美味，以后就把它当作招待客人的压轴菜。

由于丁宝桢死后被追赠太子太保，故后人将这道菜称为“宫保鸡丁”，一些饭馆不解宫保为何意，就讹传为“宫爆鸡丁”。

与宫保鸡丁同样影响深远的川菜，还有麻婆豆腐。麻婆豆腐，出自清末民初成都北门外万福桥头一家小饭店，叫作陈兴盛饭铺，当地人习惯叫陈麻婆饭铺。陈麻婆是这家店的老板娘，她发明的麻婆豆腐色泽红亮，麻辣酥香，极富川菜特色。声名远扬的陈麻婆饭铺并非豪华餐厅，而是著名的“苍蝇馆子”，食客大多是拉车的脚夫。这家服务底层民众的小饭馆成了老牌名店，麻婆豆腐也流传到全国各地。

成都人懂生活，在大事上却一点儿不含糊。清末，“成都血案”将保路运动推向高潮，进而催生了武昌起义，武汉三镇光复，四川军民群起响应，建立军政府，脱离了清廷。

抗日战争中，成都各大报刊贴出“一寸山河一寸血，十万青年十万军”的大字标题。全省青壮年争先恐后奔赴战场，据统计，抗日军队中，每 5 个人就有 1 个人是四川人，川军伤亡总数超过 64 万人，为全国各省之最。

早年主政四川的杨森说：“我们过去打内战，对不起国家民族，是极其耻辱的。今天的抗日战争是保土卫国，流血牺牲，这是我们军人应尽的天职，我们川军决不能辜负父老乡亲的期望，要洒尽热血，为国争光。”

当年，壮士出川，大多从成都东大街出发，跨出盆地，投身前线战场。为了纪念川军，成都人铸造了“无名英雄铜像”。铜像造型是一名中国军人，手握步枪，俯身跨步，眼望前方，基座铭刻“川军抗日阵亡将士纪念碑”全文。

成都人从来不沉溺于天府之国的安逸，国有召，召必战，战必胜。在 2008 年汶川地震的天灾中，也可见川人的大义与坚强。

■ 人民公园内的川军抗战雕塑 / 供图　视觉中国

天府之乐

山岭护卫着成都，远离大海的喧嚣，烟火气在这座城中汇聚，百姓过着浓浓的日子。地理上的封闭性，却阻碍不了成都人开放与乐观的精神。

凭借优越的地理位置，成都曾是南丝绸之路的起点。公元5—6世纪，河西走廊的交通中断后，中国开辟了从内地前往中亚与欧洲的新丝绸之路。从成都出发，经岷江上游河谷至川北，越若尔盖草原到达今甘肃、青海，再往西前往西域，这条交通路线当时处于吐谷浑河南国的掌控下，故名河南道。

成都区位优势明显，不仅是南丝绸之路的起点，也是北丝绸之路的货源地，到如今，更是“一带一路”的重要节点城市。成都至欧洲的列车班次，近年来多次领跑全国，搭起了一座连接太平洋和大西洋的新亚欧大陆桥。

近年，生机勃勃的成都，经济一路高歌猛进。这座四川省会城市，坐拥全国前五的城市人口，以及西南广阔的市场腹地，在新一线城市中表现抢眼。

2020年成都市GDP为17716.7亿元，在全省占比36%。成都市高新区GDP经济总量高达2401.9亿元，增速达8.3%，龙泉驿区、金牛区等区县市也迎头赶上，处于千亿以上水平。这几个

■ 成都蜀蓉立交桥 / 供图　视觉中国

■ 成都二环高架桥桥墩 / 供图　视觉中国

■ 成都大运会足球场 / 供图　视觉中国

■ 成都 18 号线地铁站 / 供图　视觉中国

■ 蓝调时刻的成都中国—欧洲中心，气势恢宏，“一带一路”新地标 / 供图　视觉中国

■ 成都高新区天府软件园 C 区，金色的夜晚 / 供图　视觉中国

区县以金融、电子信息、汽车等新兴产业独领风骚。青羊区、锦江区、武侯区、都江堰市则主打文旅产业，是成都最有文化气息的地方，也是成都的精神象征。

成都现有的城市规划，属于典型的环路建设。以天府广场为中心，一二三环依次排开，往外辐射到周围的卫星城市，成都已成为继北京之后，全国第二个地图上标有六环的城市。面积广阔的天府之都，有祠堂庙宇，也有高楼大厦，每个角落各有千秋。

在都江堰浇灌出的千里沃土上，气候温润宜人。在成华区的大熊猫繁育研究基地，国宝在茂密竹林里繁衍生息，与“奶爸奶妈”亲密互动，吸引了大批粉丝。

逛逛太古里，才知四川出俊男靓女名不虚传；参拜武侯祠，仿佛能听见孔明的千年一叹；寻访文殊院，在城市中找寻静谧的禅林圣迹；问道青城山，丹梯千级，曲径通幽。

成都是古典的，也是现代的。

自古以来，成都就是个好过日子的地方，而当地的闲适更显得平民化。人们在忙忙碌碌之余享受生活，颇有几分古朴闲适的先贤之风：“浴乎沂，风乎舞雩，咏而归。”成都人总是会为人生找寻更多的乐趣。

文学巨匠巴金的《家》《春》《秋》，写成都旧事，他本人历经岁月风雨，享年 101 岁。见过晚年巴金的人说，他总是一种很宽容、温和的态度。与巴金等人并称“蜀中五老”的作家马识途，

锦里灯会 / 供图　视觉中国

直到 2020 年，他 106 岁高龄时才宣布封笔。巴蜀山水，就是如此养人。

成都人爱听，也善于摆龙门阵，闲来一壶茶，几局麻将，吃个火锅，七碗八碟摆一桌。这龙门阵为何不叫讲，偏要叫摆？因为只有一个“摆”字，才能显示出其气派声势。与成都人聊天，才知道他们说话的功夫，这就像朵朵花开铺排出一连串的故事，再平淡无奇的故事，经妙语连珠的成都话一渲染，也觉得曲折离奇，天花乱坠，趣味横生。“雄起”“下课”这几个方言词愣是被他们带进了词典。

■ 川剧艺术，变脸 + 吐火 / 供图　视觉中国

千万人口的大都市，三天两头总会出几个爆炸性新闻，而这些绘声绘色的讲述者，大多来自成都民间。就好像成都最有名的一个交通节目，明明说的是正经事，却让全国观众都记住了“到二仙桥要走成华大道”。

成都人爱吃，随便揣几十块钱，就可以安享美食，打卡龙抄手、谭豆花、叶儿粑、夫妻肺片、麻辣兔头……种种小吃，琳琅满目，遍布街市。爽朗的成都人，饭局必定是热闹非凡。如今，耐心地看完一场川剧的观众越来越少，川剧的绝活变脸却走进了成都的茶社饭馆，反而渲染了更浓郁的生活气息。变脸，本是晚清跑码头的江湖戏班发明的特技，现在也成了国际化的中国名片，

成都露天音乐公园 / 供图　视觉中国

还常伴有喷火、水袖等独树一帜的技艺表演。

悠然自得的生活节奏在这个快速发展的社会愈发可遇不可求。也许正因如此，成都成为许多人心中的一片乐土。

尽管去成都的人未必都能遂心如愿地找到生活的真谛，就像很多人都无法活成自己最喜欢的样子，但成都就在那儿，这座天府之都，依旧是一个精神层面上的乌托邦。

■ 中国国宝大熊猫 / 供图　视觉中国

后记

探索历史的永恒之美

第一次参观紫禁城的人，在穿越天安门，进入午门广场的时候，或许都曾感受过一种来自灵魂的震撼和冲击。在这一刻，古都作为一种具象的视觉冲击，将从此萦绕在许多人一生的记忆里。

中华上下五千年的文明史，从夏商周起，由统一王朝和地方政权兴建的都城先后有 200 多个，这些都城有的兴盛千年，有的昙花一现，它们对中国历史发展和城市变迁影响至深。可以说，一部中国的古都史，本质上就是一部浓缩的中国史。

所以，如果要更好地读懂中国历史，从古都切入是一个具有感染力且非常具体，可以贯穿古今、读懂当下的视角。有鉴于此，我们选择了西安、洛阳、南京、北京、开封、杭州、安阳、郑州、大同、成都等十座古都作为切入点，通过探索它们的历史变迁、军事地理、生态环境、经济基础、交通物流和人口流动、文化演变等，来解析中国历史的内涵和走向。这种走向，不仅仅是停留在简单的历史叙事层面，更是一种可以触摸、可以阅读、可以观赏、可以连接古今的脉络。

实际上，一个国家、一个民族、一座古都，都是有脉络可寻的。历史纷繁复杂，当今社会的信息泛滥更是远超人类所能接收的最大边界。所以，如何在信息泛滥的历史世界中选对一扇窗，去观察过去、现在和未来，就显得至关重要。从这个角度而言，通过中国十大古都的解剖视角，纵向可以了解中国的古往今来，横向可以了解历史具象的横切面和广度，从而建立一种纵贯时空、观照当下的透视感。

本质上来说，读懂十大古都，可以让我们自己做一个历史的明白人。

这本书定名为《中国古都四千年》，取义是从大约公元前 21 世纪的夏代开始算起，至今纵横时间约 4000 年，并选取从发现夏都“禹都阳城”的郑州，到今天仍然作为中国首都的北京等十座城市，来分别阐述这十座古都的历史风云和古往今来。

这本书的内容，首发在由书简文化创立的微信公众号“锦绣人文地理”上。“锦绣人文地理”自从 2020 年下半年创立以来，一直广泛关注报道中国的山川地理和人文故事，立志做“大美中国的传播者”。公号创立两年来，承蒙十多万读者喜爱，已经刊发了上百篇原创的人文地理文章。从 2020 年创刊伊始，我们就开始筹划“中国古都”专辑，经过两年多的努力，最终才有了这本呈现在大家面前的精美书籍。

本书的作者“锦公子”是“锦绣人文地理”团队的集体笔名。“锦公子”具体的五名作者分别是郑焕坚、陈恩发、吴润凯、梁悦琛和卢娜，其中郑焕坚主要负责全书概述和开封稿件，陈恩发负责西安、洛阳、北京、安阳、大同和成都等六篇稿件，吴润凯负责南京稿件，梁悦琛负责郑州稿件，卢娜负责杭州稿件。

未来，“锦绣人文地理”还将继续拓展其他题材，推出更多人文地理专辑图书，为广大读者在移动互联网时代，提供一个电子阅读和纸质阅读的双重视觉盛宴。正如庄子所言，“天地有大美而不言”，“锦绣人文地理”的终极使命，就是探索中国的永恒之美。

锦公子·郑焕坚

参考文献

序

[1] 韩茂莉 . 中国历史地理十五讲 [M]. 北京：北京大学出版社，2015.

[2] 吴松弟 . 中国古代都城 [M]. 北京：商务印书馆，1998.

[3] 周振鹤 . 中国历史政治地理十六讲 [M]. 北京：中华书局，2013.

西安

[1] 贾平凹 . 老西安 [M]. 北京：中国社会出版社，2006.

[2] 史念海 . 西安历史地图集 [M]. 西安：西安地图出版社，1996.

[3] 王向辉 . 大西安画传 [M]. 西安：西安出版社，2018.

[4] 张永禄 . 西安古城墙 [M]. 西安：西安出版社，2007.

[5] 赵荣，秦中朝 . 丝绸之路的起点：西安 [M]. 西安：三秦出版社，2016.

[6] 周芳德 . 走向古都西安 [M]. 西安：西安交通大学出版社，2016.

洛阳

[1] 郭绍林 . 洛阳隋唐五代史 [M]. 北京: 社会科学文献出版社，2018.

[2] 逯耀东 . 从平城到洛阳: 拓跋魏文化转变的历程 [M]. 北京: 中华书局，2006.

[3] 牛致功 . 唐代史学与墓志研究 [M]. 西安: 三秦出版社，2006.

[4] 史念海 . 唐史论丛（第七辑）[M]. 西安: 陕西师范大学出版社，1998.

[5] 王丹 . 千年帝京洛阳城 [M]. 北京: 北京大学出版社，2013.

[6] 赵金昭 . 洛阳文化与洛阳经济 [M]. 北京: 中国古籍出版社，2001.

南京

[1] 胡阿祥 . 华夏正统与城市兴衰: 古都南京的历史特质 [J]. 南京社会科学，2013（12）: 147-154.

[2] 曹劲松，卢海鸣 . 南京学研究（第二辑）[M]. 南京: 南京出版社，2020.

[3] 南京市地方志编纂委员会办公室 . 南京简志 [M]. 南京: 南京出版社，2014.

[4] 薛冰 . 南京城市史 [M]. 南京: 东南大学出版社，2015.

[5] 姚亦峰 . 南京城市地理变迁及现代景观 [M]. 南京: 南京大学出版社，2006.

[6] 叶兆言 . 南京传 [M]. 南京：译林出版社，2019.

北京

[1][美] 白立文 . 大城北京 [M]. 北京：外文出版社，2013.

[2] 北京市文史研究馆 . 古都北京中轴线 [M]. 北京：北京出版社，2017.

[3] 崔岱远 . 京味儿 [M]. 北京：生活 · 读书 · 新知三联书店，2009.

[4] 方彪著，北京市西城区文物保护研究所编 . 北京简史 [M]. 北京：北京时代华文书局，2017.

[5] 顾炎武 . 昌平山水记 · 京东考古录 [M]. 北京：北京古籍出版社，1982.

[6] 侯仁之 . 北平历史地理 [M]. 北京: 外语教学与研究出版社，2013.

[7] 老舍 . 我的北平 [M]. 北京：中国青年出版社，2013.

[8] 马玲 . 北京胡同 [M]. 北京：世界知识出版社，2020.

[9] 邱华栋 . 北京传 [M]. 北京：北京十月文艺出版社，2020.

[10] 杨松 . 北京经济发展报告（2020—2021）[R]. 北京：社会科学文献出版社，2021.

[11] 朱偰 . 北京宫苑图考 [M]. 郑州：大象出版社，2018.

开封

[1] 傅崇兰 . 中国运河城市发展史 [M]. 成都: 四川人民出版社，1985.

[2] 韩茂莉 . 中国历史地理十五讲 [M]. 北京：北京大学出版社，2015.

[3] 席明旺 . 交通、水利与城市的兴衰——以清代开封为例 [D]. 成都：四川大学，2007.

[4] 辛德勇 . 黄河史话 [M]. 北京：中国大百科全书出版社，1998.

杭州

[1]《城市名片》丛书编写组 . 休闲之都 · 杭州 [M]. 北京：中国旅游出版社，2006.

[2] 马达 . 杭州城事绘 [M]. 青岛：青岛出版社，2017.

[3] 王国平总主编，钟毓龙编著，钟肇恒增补 . 说杭州 · 上 / 下 [M]. 杭州：浙江古籍出版社，2016.

安阳

[1] 安阳市博物馆编，朱爱芹主编 . 安阳历史文物考古论集 [C]. 郑州：大象出版社，2005.

[2] 国家文物局 . 中国文物地图集：河南分册 [M]. 北京：中国地图出版社，1991.

[3] 胡厚宣，胡振宇 . 殷商史 [M]. 上海：上海人民出版社，2003.

[4] 李济 . 安阳 [M]. 北京：商务印书馆，2011.

[5] 卢毅然 . 太行山东麓：一条“盛产”古都的大走廊 [J]. 中国国家地理，2015 (02)：130-143.

[6] 潘伟斌．曹操墓里看曹操 [J]. 中华遗产，2010（06）：72-85.

[7] 王希社．安阳 [M]. 郑州：河南人民出版社，2006.

[8] 杨善清，杜久明．中国殷墟：去安阳认识商代文明 [M]. 上海：上海大学出版社，2006.

[9] 赵文龙．文化古都：安阳 [M]. 郑州：河南科学技术出版社，2011.

[10] 周艳丽．殷商盛都: 安阳 [M]. 郑州: 河南科学技术出版社，2018.

[11] 朱绍侯．曹操与曹操墓 [J]. 史学月刊,2010（05）: 5-10.

郑州

[1] 鲍君惠．宋代郑州研究 [D]. 开封：河南大学，2011.

[2] 纪录片《发现郑州 · 先秦篇》

[3] 纪录片《四十城 四十年——郑州，在路上》

[4] 纪录片《城市 24 小时 · 郑州》

[5] 王振超．郑州古代园林研究 [D]. 天津：天津大学，2012.

[6] 尤滋洲，李新建，沈喜顺．郑州古今 [M]. 郑州：河南人民出版社，1988.

[7] 张松林．中国古都系列丛书：古都郑州 [M]. 杭州：杭州出版社，2011.

大同

[1] 崔理仁．“文化立市”能拯救大同的未来吗？[J]. 中华遗产，

2008（11）：14-15.

[2] 大同市地方志编纂委员会 . 大同市志 [M]. 北京：中华书局，2000.

[3] 李凭 . 北魏平城时代 [M]. 上海：上海古籍出版社，2014.

[4] 马斌 . 三晋史话：大同卷 [M]. 太原：三晋出版社，2016.

[5] 王保忠 . 走进大同 [M]. 太原：山西经济出版社，2016.

成都

[1][晋] 常璩 . 华阳国志 [M]. 济南：齐鲁书社，2010.

[2] 何一民，王毅 . 成都简史 [M]. 成都：四川人民出版社，2018.

[3] 王笛 . 显微镜下的成都 [M]. 上海：上海人民出版社，2020.

[4] 袁庭栋 . 成都街巷志 [M]. 成都：四川教育出版社，2010.

[5] 郑光路 . 成都旧事 [M]. 成都：四川人民出版社，2007.

图书在版编目（CIP）数据

中国古都四千年 / 锦公子著．-- 北京：新世界出版社，2023.3（2024.3 重印）

ISBN 978-7-5104-7626-6

Ⅰ．①中… Ⅱ．①锦… Ⅲ．①都城（遗址）—介绍—中国②文化史—中国—古代 Ⅳ．① K928.5 ② K220.3

中国版本图书馆 CIP 数据核字（2022）第 219167 号

中国古都四千年

作　　者：锦公子
责任编辑：丁　鼎
责任校对：宣　慧　张杰楠
责任印制：王宝根
出　　版：新世界出版社
网　　址：http://www.nwp.com.cn
社　　址：北京西城区百万庄大街 24 号（100037）
发 行 部：(010)6899 5968（电话） (010)6899 0635（电话）
总 编 室：(010)6899 5424（电话） (010)6832 6679（传真）
版 权 部：+8610 6899 6306（电话） nwpcd@sina.com（电邮）
印　　刷：天津旭丰源印刷有限公司
经　　销：新华书店
开　　本：710mm × 1000mm　1/16　尺寸：170mm × 230mm
字　　数：250 千字　印张：24
版　　次：2023 年 3 月第 1 版　2024 年 3 月第 4 次印刷
书　　号：ISBN 978-7-5104-7626-6
定　　价：168.00 元